AGÊNCIAS REGULADORAS
NO CENÁRIO BRASILEIRO

K91a   Krause, Eduardo Battaglia
        Agências reguladoras no cenário brasileiro / Eduardo Battaglia Krause. – Porto Alegre: Livraria do Advogado Ed., 2005.
        120 p.; 14x21 cm.

        ISBN 85-7348-384-9

        1. Agência reguladora. 2. Poder regulamentar. I. Título.

CDU – 35.078.2

Índices para o catálogo sistemático:

Agência reguladora
Poder regulamentar

(Bibliotecária responsável : Marta Roberto, CRB-10/652)

Eduardo Battaglia Krause

AGÊNCIAS REGULADORAS NO CENÁRIO BRASILEIRO

Porto Alegre, 2005

© Eduardo Battaglia Krause, 2005

Projeto gráfico e composição de
Livraria do Advogado Editora

Capa de
Eduardo Krause

Revisão de
Rosane Marques Borba

Direitos desta edição reservados por
Livraria do Advogado Editora Ltda.
Rua Riachuelo, 1338
90010-273 Porto Alegre RS
Telefax: 0800-51-7522
editora@livrariadoadvogado.com.br
www.doadvogado.com.br

Impresso no Brasil / Printed in Brazil

Agradecimentos

Ao Professor Bruno Miragem, pelo norte. Aos Amigos Isaac e Regina Zilberman, pela paciência com este impaciente; ao Luis Otávio, porque, como sempre, chegou na hora certa; a Fernanda, pela atenção ao apagar das luzes; a Daniela e Desirée, porque sempre estão na volta; à Michele, porque sem ela eu não teria escrito; ao Paulinho e ao André, pelo suporte. De forma especial, ao Eduardo, que aos 45 minutos do segundo tempo contribuiu com o inglês, representação firme da Virgínia, do Guilherme e da Maria Clara. Ao fim, à Maria, sempre ela.

"Há várias explicações para o fenômeno do distanciamento de renda entre Estados Unidos e Brasil, mas gosto de me concentrar numa delas: as chamadas instituições. Nenhum país consegue crescer de forma consistente por um longo período de tempo sem que antes desenvolva de forma sólida suas instituições. Quando uso a palavra *instituição*, refiro-me a uma legislação clara que garanta os direitos de propriedade e impeça que contratos virem pó da noite para o dia. *Refiro-me ainda a um sistema judiciário eficaz, a agências regulatórias firmes e atuantes.* Só assim, com instituições firmes, um país pode estar preparado para dar o salto qualitativo, mudar de patamar."

DouglasS North
Vencedor do Prêmio Nobel de Economia de 1993.

Prefácio

Há uma grande e quase silenciosa transformação em curso na administração pública brasileira – uma reforma administrativa que, nos últimos anos, vem se processando a cada dia. E essa mudança provém do aparecimento e da ação das agências reguladoras que vêm sendo implantadas nos âmbitos federal, estadual e, em alguns casos, municipal.

Surgidos na última década, esses entes regulatórios – como instituição e funcionalidade – eram, então, completamente desconhecidos no País. E não apenas na prática, mas também no plano teórico. Seus conceitos inexistiam na doutrina de Direito, nas ciências Econômica e Administrativa brasileiras. Pois, quando apareceram as primeiras agências reguladoras no País, logo manifestou-se ampla resistência, tanto nos meios políticos quanto na burocracia nacional mais cediça. Eram um "dialeto administrativo", diziam os representantes desta última; iriam deslocar as fontes tradicionais do poder, diziam aqueles. Afinal, embora essas entidades sejam centenárias nos Estados Unidos da América e na Europa, aqui eram novidades – dessas que provocam os mais desencontrados argumentos contrários a sua existência. Aliás, grande equívoco foi e tem sido achar que os entes regulatórios surgiram no País para substituir os poderes de produção política dos governos.

Entretanto, pouco a pouco os objetivos dessas novas instituições foram sendo esclarecidos, embora, neste sentido, ainda haja longo caminho a percorrer: Cabialhes, pois, o esforço de harmonizar os quase sempre conflitantes interesses dos usuários e os dos delegatários de serviços públicos clássicos – o que se faria através da administração de contratos. Não cabe, pois, aos entes reguladores, ditar os termos da política para os setores delegados – algo imanente aos governos.

Pode-se dizer que as agências reguladoras brasileiras, desde o início, tendo ingressado no mundo novo da regulação tradicional – de engenharia técnica, contábil e financeira –, hoje vêm dando lentos passos na direção dos problemas existentes nos mercados, visando a promover a concorrência entre os delegatários e, logo, ao aumento da satisfação dos usuários dos serviços delegados. Quando isso ocorrer, essas entidades alcançarão na fase final de um processo que culmina com o que se denomina "regulação econômica".

Isto posto, diga-se, ainda, que já estava sendo necessário efetuar um exame da situação das agências reguladoras no atual cenário nacional. E isto foi feito por um especialista; um regulador com embasamento teórico e prático: Eduardo Battaglia Krause, pós-graduado em regulação, primeiro diretor jurídico da pioneira Agência Estadual de Regulação dos Serviços Públicos Delegados do Rio Grande do Sul (AGERGS) – da qual foi também membro do seu Conselho Superior. Não é a primeira vez que o regulador Krause escreve sobre o tema em tela: é autor da obra "Agências de Regulação: Conceito, Legislação e Prática no Brasil", além da "História da AGERGS" e artigos publicados na revista técnica, também pioneira, denominada "Marco Regulatório".

Por derradeiro, observe-se que a regulação no Brasil ainda tem pela frente o percurso de longas veredas. E é o próprio Eduardo Battaglia Krause que admite isso, quando aduz que ainda há longo caminho a percorrer, observando que "muito há a avançar, no mesmo caminho, no mesmo compasso, na mesma estrada por onde estão indo as agências regulatórias".

Guilherme Socias Villela
1º Presidente do Conselho Superior da AGERGS

Sumário

1. Introdução 15
2. Primeiros cenários 17
   2.1. A base de sustentação 23
   2.2. Arcabouço jurídico e conceitual 25
3. A criação das Agências Reguladoras 31
4. AGERGS, a primeira 39
   4.1. Um pouco de sua história 41
   4.2. Memoriais 53
   4.3 As decisões em sede de liminar do
       Supremo Tribunal Federal 64
5. Cenário 1999 a 2002 85
   5.1. Novo marco na administração do país 89
6. Conclusão 111

Referências bibliográficas 115

APÊNDICE
Análise comparativa dos órgãos de direção da
AGERGS e das Agências Nacionais e Estaduais 117

1. Introdução

Do Plano Diretor da Reforma do Aparelho do Estado, editado pela Presidência da República em 1995, aos dias de hoje, já se pode falar de algum sedimento no que diz respeito às Agências Reguladoras no cenário brasileiro.

Ainda não o suficiente para que se possa falar em maturação, em relações contratuais pactuadas de forma segura, com as garantias atinentes às partes envolvidas. Difícil encontrar consenso entre o usuário do Código de Defesa do Consumidor e o usuário da prestação de serviços públicos delegados. Difícil encontrar consenso entre o Estado que era poder concedente e, ao mesmo tempo, regulador e fiscalizador, e o Estado que, hoje, divide tais tarefas. Difícil encontrar consenso entre os próprios delegatários, muitos enxergam a delegação como obra certa, muitos pensam como concessionários e agem como empreiteiros.

Neste curto espaço de tempo, estes temas têm sido objeto de grandes discussões. O certo é que as agências reguladoras já assumiram o seu espaço. São inevitáveis e necessárias, pois, quer se queira quer não, o Estado não pode ter mais o tamanho que tinha, não tem condições de assumir compromissos que fogem às suas prerrogativas inatas. Por isso, determinados serviços acabam sendo delegados à iniciativa privada, que mediante relações contratuais de longo prazo exercem tais atividades sem, contudo, deixarem de ter o controle e a regulação do Estado.

Estas novas entidades autárquicas passam a exercer um papel fundamental de mediadoras entre o poder concedente, os delegatários e os cidadãos. Mediadoras à exaustão, porque nem sempre é fácil construir caminho entre posições, às vezes, tão antagônicas. Quando a mediação se exaure e a solução não se faz presente, a entidade reguladora tem o poder e a autonomia para decidir como última instância administrativa.

Falar das agências reguladoras no Brasil, ainda, é aprender e trocar experiências. Os recentes sete anos, ou dez, se contarmos com a edição do Plano Diretor da Reforma do Aparelho do Estado, ainda não oferecem a maturidade suficiente para que tais entidades possam exercer o seu papel na plenitude. Todavia, o País já as vê como instrumentos que mais acertaram do que erraram, e são elas, as agências reguladoras, que passo a passo, ano a ano, vão construir um caminho aproximando as partes referidas, para que os serviços públicos delegados como transporte, energia, petróleo, gás, telefonia, enfim, possam satisfazer as necessidades dos cidadãos. Aos que convivem com o tema fica o desafio de difundir tais organismos, eis que esses instrumentos é que são e serão o norte na qualidade dos serviços públicos, com um patamar tarifário que chegue, cada vez mais, ao equilíbrio.

2. Primeiros Cenários

A partir da década de 1980, ressaltou-se no Brasil – a exemplo das discussões existentes em outros países – o debate acerca da diminuição do controle do Estado e das funções a serem desenvolvidas diretamente por ele. Neste sentido, foram editados o Programa Nacional de Desburocratização, em 1985, e, em princípio da década de 1990, o Programa Nacional de Desestatização, dando início aos processos de alienação da participação acionária do Estado em empresas prestadoras de serviço público, que exerciam atividade econômica em sentido estrito.[1] Contudo, sem adentrar no exame de mérito, muito menos, na seara política, foi, a partir de 1995, com a edição do Plano Diretor da Reforma do Aparelho do Estado, que o país começou a pensar de forma mais efetiva no tema *regulação*.

Com uma visão forte, de respeitável defesa, nem sempre acolhida e acatada, a proposta englobava uma mudança, quase radical, na ação de fazer do Estado como um todo. Constava no Plano Diretor em questão que:

"A reforma do Estado envolve múltiplos aspectos. O ajuste fiscal devolve ao Estado capacidade de definir e implementar políticas públicas. Através da liberalização comercial, o Estado abandona a

---

[1] Nesse sentido, veja-se: MIRAGEM, Bruno. Defesa administrativa do consumidor no Brasil. Alguns aspectos. *Revista de direito do consumidor*. São Paulo: RT, 2003, p. 65 *et seq*.

estratégia protecionista da substituição de importações. O programa de privatizações reflete a conscientização da gravidade da crise fiscal e da correlata limitação da capacidade do Estado de promover poupança forçada por intermédio das empresas estatais. *Por esse programa, transfere-se para o setor privado a tarefa da produção que, em princípio, este realiza de forma mais eficiente.* Finalmente, por meio de um programa de publicização, transfere-se para o setor público não-estatal a produção dos serviços competitivos ou não-exclusivos de Estado, estabelecendo-se um sistema de parceria entre Estado e sociedade para seu financiamento e controle. *Desse modo, o Estado reduz seu papel de executor ou prestador direto de serviços, mantendo-se entretanto no papel de regulador e provedor ou promotor destes*, principalmente dos serviços sociais como educação e saúde, que são essenciais para o desenvolvimento, na medida em que envolvem investimento em capital humano; para a democracia, na medida em que promovem cidadãos; e para uma distribuição de renda mais justa, que o mercado é incapaz de garantir, dada a oferta muito superior à demanda de mão-de-obra não-especializada. Como promotor desses serviços, o Estado continuará a subsidiá-los, buscando, ao mesmo tempo, o controle social direto e a participação da sociedade. *Nessa nova perspectiva, busca-se o fortalecimento das funções de regulação* e de coordenação do Estado, particularmente no nível federal, e a progressiva descentralização vertical, para os níveis estadual e municipal, das funções executivas no campo da prestação de serviços sociais e de infra-estrutura. [...] Com o objetivo de realizar a modernização administrativa, foi criado o Departamento Administrativo do Serviço Público – DASP, em 1936. Nos primórdios, a administração pública sofre a influência da teoria da administração científica de Taylor, tendendo à racionalização mediante a simplificação, padronização e aquisição racional de materiais, revisão de estruturas e aplicação de métodos na definição de procedimentos. Registra-se que, nesse período, foi instituída a função orçamentária enquanto atividade formal e permanentemente vinculada ao planejamento. [...] Tendo em vista as inadequações do modelo, a administração burocrática implantada a partir de 30 sofreu sucessivas tentativas de reforma. Não obstante, as experiências se caracterizaram, em alguns casos, pela ênfase na extinção e criação de órgãos, e, em outros, pela constituição de estruturas paralelas visando alterar a rigidez burocrática. Na própria área da reforma administrativa esta última prática foi adotada, por exemplo, no Governo JK, com a criação de comissões especiais, como a Comissão de Estudos e Projetos Administrativos, objetivando a realização de estudos para simplificação dos processos administrativos e reformas ministeriais, e a Comissão de Simplificação Burocrática, que visava à elaboração de projetos direcionados para reformas globais e descentralização de serviços. *A reforma operada em 1967 pelo Decreto-Lei nº 200*, entretanto, constitui um marco na tentativa de superação da rigidez burocrática, podendo ser considerada como um primeiro momento da administração gerencial no Brasil. Mediante o referido decreto-lei, realizou-se a transferência de atividades para autarquias, fundações, empresas públicas e sociedades de economia mista, a fim de obter-se maior dinamismo operacional por meio da descentralização funcional. Instituíram-se, como princípios de racionalidade administrativa, o planejamento e o orçamento, o descongestionamento das chefias executivas superiores (desconcentração/descentralização), a tentativa de reunir competência e informação no processo decisório, a sistematização, a coordenação e o controle. [...] Entretanto, as reformas operadas pelo Decreto-Lei nº 200/67 não desencadearam mudanças no âmbito da administração burocrática central, permitindo a coexistência de núcleos de eficiência e competência na administração indireta e formas arcaicas e ineficientes no plano da administração direta ou central. O núcleo burocrático foi, na verdade, enfraquecido indevidamente através de uma estratégia oportunista do regime militar, que não desenvolveu carreiras de administradores públicos de alto nível, preferindo, ao invés, contratar os escalões superiores da administração através das empresas estatais. Em meados dos anos 70, uma nova iniciativa modernizadora da administração pública teve início, com a criação da SEMOR – Secretaria da Modernização. Reuniu-se em torno dela um grupo de jovens administradores públicos, muitos deles com formação em nível de pós-graduação no exterior, que buscou implantar novas técnicas de gestão, e particularmente de administração de recursos humanos, na administração pública federal. No início dos anos 80 registrou-se uma nova tentativa de reformar a burocracia e orientá-la na direção da administração pública gerencial, com a criação do Ministério da Desburocratização e do Programa Nacional de Desburocratização – PrND, cujos objetivos eram a revitalização e agilização das organizações do Estado, a descentralização da autoridade, a melhoria e simplificação dos processos administrativos e a promoção da eficiência. As ações do PrND voltaram-se inicialmente para o combate à burocratização dos procedimentos. Posteriormente, foram dirigidas para o desenvolvimento do Programa Nacional de Desestatização, num esforço para conter os excessos da expansão da administração descentralizada, estimulada pelo Decreto-Lei nº 200/67. [...] No aparelho do Estado é possível distinguir quatro setores: Núcleo Estratégico – corresponde ao governo, em sentido lato. É o setor que define as leis e as políticas públicas, e cobra o seu cumprimento. É, portanto, o setor onde as decisões estratégicas são tomadas. Corresponde aos Poderes Legislativo e Judiciário, ao Ministério Público e, no Poder Executivo, ao Presidente da República, aos ministros e aos seus auxiliares e assessores diretos, responsáveis pelo planejamento e formulação das políticas públicas; Atividades Exclusivas – e o setor em que são prestados serviços que só o Estado pode realizar. São serviços em que se exerce o poder extroverso do Estado – *o poder de regulamentar, fiscalizar, fomentar*. Como exemplos temos: a cobrança e fiscalização dos impostos, a polícia, a previdência social básica, o serviço de desemprego, a fiscalização do cumprimento de normas sanitárias, o serviço de trânsito, a compra de serviços de saúde pelo Estado, o controle do meio ambiente, o subsídio à educação básica, o serviço de emissão de passaportes etc; Serviços Não-Exclusivos – corresponde ao setor onde o Estado atua simultaneamente com outras organizações públicas não-estatais e privadas. As instituições desse setor não possuem o poder de Estado. Este, entretanto, está presente porque os serviços envolvem direitos humanos fundamentais, como os da educação e da saúde, ou porque possuem 'economias externas' relevantes, na medida que produzem ganhos que não podem ser apropriados por esses serviços através do mercado. As economias produzidas imediatamente se espalham para o resto da sociedade, não podendo ser transformadas em lucros. São exemplos desse setor: as universidades, os hospitais, os centros de pesquisa e os museus; *Produção de Bens e Serviços para o Mercado: corresponde à área de atuação das empresas. É caracterizado pelas atividades econômicas voltadas para o lucro que ainda permanecem no aparelho do Estado como, por exemplo, as do setor de infra-estrutura. Estão no Estado seja porque faltou capital ao setor privado para realizar o investimento, seja porque são atividades naturalmente monopolistas, nas quais o controle via mercado não é possível, tornando-se necessária, no caso de privatização, a regulamentação rígida.* [...] Para a operacionalização das mudanças pretendidas será necessário o aperfeiçoamento do sistema jurídico-legal, notadamente de ordem constitucional, de maneira a remover os constrangimentos existentes que impedem a adoção de uma administração ágil e com maior grau de autonomia, capaz de enfrentar os desafios do Estado moderno. Nesse sentido, a reforma contempla a proposição de emendas constitucionais. [...] *Por outro lado, dadas as novas funções, antes reguladoras que executoras: (1) Deve o Estado criar novas instituições? (2) Quais?* [...] *A responsabilização por resultados e a conseqüente autonomia de gestão inspiraram a formulação desse projeto, que tem como objetivo a transformação de autarquias e de fundações que exerçam atividades exclusivas do Estado, em agências autônomas, com foco na modernização da gestão.O Projeto das Agências Autônomas desenvolver-se-á em duas dimensões. Em primeiro lugar, serão elaborados os instrumentos legais necessários à viabilização das transformações pretendidas, e um levantamento visando superar os obstáculos na legislação, normas e regulações existentes. Em paralelo, serão aplicadas as novas abordagens em algumas autarquias selecionadas, que se transformarão em laboratórios de experimentação."* (BRASIL, 1995, p.8-26). [grifos nossos].

Como se vê neste capítulo, a reforma preconizada, defendida e logo adiante aplicada, reforçou a presença futura das agências de regulação. Em curto espaço de tempo, dois anos, começaram a ser criadas estas novas entidades autárquicas, que tinham no seu cerne um reforço no sentido da autonomia e uma ação diretamente voltada à prestação de serviços públicos delegados.

2.1. A base de sustentação

Poder-se-ia afirmar, com tais registros, que, através do Plano Diretor suscitado, dava-se início ao nascimento dos entes regulatórios, os quais, a partir do ano de 1997, começariam a exercer o seu ainda tênue papel, tanto na União como nos Estados Federados.

Corrobora a afirmação, a recomendação expressa, do Conselho de Reforma do Estado, para que os anteprojetos de Lei contivessem, obrigatoriamente, normas dispondo sobre:

"(i) a autonomia gerencial, financeira e operacional do ente regulador, que será organizado sob forma de autarquia;
(ii) a independência decisória do ente regulador, assegurada mediante:
a) nomeação dos seus dirigentes pelo Presidente da República, após aprovação pelo Senado Federal, consoante o disposto no art.52, III, f, da Constituição, com mandato fixo não superior a quatro anos, facultada uma única recomendação.
b) processo decisório colegiado;
c) dedicação exclusiva dos ocupantes dos cargos de presidente e membros do colegiado, não sendo admitida qualquer acumulação, salvo as constitucionalmente permitidas;
d) recrutamento dos dirigentes da autarquia mediante critérios que atendam exclusivamente ao mérito e à competência profissional, vedada a representação corporativa;

e) perda de mandato do presidente ou de membros do colegiado somente em virtude da decisão do Senado Federal, por provocação do Presidente da República;
f) perca automática de mandato de membro do colegiado que faltar a determinado número de reuniões ordinárias consecutivas, ou a percentual de reuniões intercaladas, ressalvados os afastamentos temporários autorizados pelo colegiado;
(iii) as atribuições e competências privativas do ente regulador, exercidas em caráter definitivo, ressalvado o controle de legalidade;
(iv) as atribuições e competências complementares do ente regulador sobre a matéria atinente a outorga de concessão ou autorização para exploração de serviços públicos, conforme o caso, definidas de acordo com a política do Governo;
(v) o número de membros do colegiado do ente regulador, fixando-o sempre que possível em número não superior a cinco;
(vi) a participação de usuários, consumidores e investidores na elaboração de normas específicas ou na solução amigável de controvérsia relativa à prestação do serviço, mediante audiências públicas;
(vii) a faculdade do ente regulador acolher compromissos de cessação de práticas econômicas específicas e de compromissos de desempenho, como forma de solução de conflitos entre consumidores, agentes prestadores de serviços e investidores;
(viii) a vedação de decisões fundadas exclusivamente em informações trazidas pelos interessados e a faculdade do ente regulador contratar de fontes independentes o fornecimento de informações técnicas no Brasil e no exterior, assim como de consultoria externa, a critério do colegiado;
(ix) a previsão de recursos de tutela, restrito ao exame da legalidade de ato definitivo da autarquia;

(x) a fixação das regras de desregulamentação do setor de atividade específica, se for o caso." (MARE, 1997, *apud* VERAS, 2002, p.7-8).

As recomendações foram incorporadas na quase totalidade dos projetos de Lei, que vieram a sustentar a criação das agências reguladoras, tanto no âmbito Federal como nos Estados brasileiros. Tais regras, hoje, já não são vistas como excesso de poder, na acepção da palavra, mas, sim, instrumentos necessários ao bom e pleno exercício da atividade regulatória.

2.2. Arcabouço jurídico e conceitual

Os pressupostos referidos anteriormente ensejaram os naturais debates para a construção do arcabouço jurídico, instrumento das entidades reguladoras que viriam a nascer.

De um lado, a Lei 8.078, de 11 set. 1990, o nosso Código de Defesa do Consumidor. A meio caminho, a Lei 8.666, de 21 jun. 1993, que cuida dos certames licitatórios e, mais recentemente, a Lei 8.987, de 13 fev. 1995, a Lei 9.074, de 7 jul. 1975, e a Lei 9.277, de 10 maio 1976, que dão suporte às concessões e às delegações dos serviços públicos, dentre outros.

Neste espaço de tempo, a União e alguns Estados da federação, autorizados pela nova legislação, passam a delegar a prestação de determinados serviços, até então, só realizados pela administração pública diretamente, tema conhecido mas que foge ao objeto específico deste trabalho.

Nascem, a partir daí, as primeiras entidades autárquicas com clara definição de ação regulatória sobre a prestação de serviços públicos delegados. Diga-se de passagem, ao contrário do que muitos afirmam, que menos se privatizou – no sentido exato da palavra – e mais se delegou, de vez que o Estado, em nenhum momento, abriu mão de sua competência de controle e fiscalização dos serviços, através da atividade de regulação.

Mas, afinal, o que são efetivamente estes organismos? No sentido estrito, trata-se do modelo autárquico que, da forma original definida no ordenamento jurídico administrativo financeiro brasileiro, evoluiu para competências revestidas de maior relevância no que diz respeito à autonomia. Além do natural poder administrativo e funcional, são detentoras de poder fiscalizatório, de polícia, e decisório, no que diz respeito às relações contratuais que envolvem os serviços públicos delegados.

No sentido da Lei, quanto às concessões, às permissões e às autorizações, o agente regulador chega a exercer a figura "de quase juiz", como bem disse, certa vez, o ex-Conselheiro da AGERGS e Promotor Público, Odilon Rebés Abreu, em um de seus pareceres.[2] Aí, não se está a dizer que a entidade regulatória é soberana acima de todas as coisas.

O sentido da autonomia tem a exata dimensão das competências que a Lei lhe deu, logo, é função natural destas entidades *conhecer* com profundidade as relações contratuais que envolvem o Estado – como poder concedente –, os delegatários – particulares –, que passam a prestar tais tipos de serviços auferindo remuneração módica, e os próprios usuários – a quem os serviços devem ser adequados àquilo que o legislador quis dizer com a satisfação das condições de regularidade, continuidade, eficiência, segurança, atualidade, generalidade, e cortesia na sua prestação, e modicidade das tarifas (art. 6°, § 1°, Lei 8.987, de 13 fev. 1995 – Lei das Concessões). O conhecer leva ao necessário *conviver* com

---
[2] ABREU, Odilon Rebés. *Memorial à Ação Direta de Inconstitucionalidade n° 1949-0/RS*. original.

tais relações contratuais e com os entes envolvidos, possibilitando, tanto à entidade reguladora quanto ao regulador propriamente dito, *conciliar* as partes e, quando tal não for possível, exercer o seu papel de *decidir*.

Importante, ainda, frisar o que disse Guilherme Socias Villela, primeiro Conselheiro Presidente da AGERGS:

> "Há pouco mais de dois anos, no Brasil, poucos sabiam o significado técnico e administrativo preciso do vocábulo *regular*, que tem conseqüência nos termos *regulador, regulatório* e *regulação*. Na acepção referida, eram e ainda são palavras pouco encontradiças na doutrina do Direito e no Direito Administrativo; raras nos livros de textos de Economia e de Administração e, por igual, nas ciências da Engenharia. No entendimento popular, nem se fale. E normalmente a mídia nacional se enleia quando da divulgação de questões relacionadas com esse novo tema." (AGERGS, 1999b, p.6).

No campo internacional, Villela disse mais:

> "De outra parte, nota-se que órgãos reguladores existem em quase todo o mundo. E em alguns países, como os Estados Unidos da América, as organizações são centenárias. Naquele país há 70 entidades do gênero: uma por Estado e as restantes federais. No Canadá há 15; na Argentina 11; na Dinamarca 9, no Reino Unido, na Austrália e na Espanha, 8; na Holanda 7, na Alemanha e na Suíça, 6; no Chile, na Suécia e na China, 5, na França 4 – e assim por diante, segundo informações contidas nos relatórios anuais do Banco Mundial." (AGERGS, 1999b, p.7).

Assim, o modelo implantado nada mais é do que aquilo que o mundo já vinha fazendo, isto é, de uma forma ou de outra, as entidades reguladoras se fariam presentes no cenário do país, eis que inevitáveis em face de uma razão superior: o Estado, maior ou menor, não poderia mais carregar em seu bojo ações que não lhe eram peculiares. Algumas, talvez, discutíveis, outras tantas não.

Ainda elencando conceitos sobre o tema, Cuéllar nos revela:

"[...] Geraldo Ataliba assevera que o poder regulamentar consiste na faculdade que a Constituição confere ao Chefe do Poder Executivo para dispor sobre medidas necessárias ao fiel cumprimento da vontade legal. Pressupõe a existência de lei prévia, exigente de regulamentação. Ou seja, pressupõe a conjunção de dois requisitos: a lei anterior e a previsão (expressa/implícita) do dever regulamentar. Caio Tácito acentua igualmente a natureza vinculada do poder regulamentar, sempre subordinado à lei, mas apresenta um entendimento mais amplo do poder regulamentar, ao aduzir que regulamentar 'não é somente reproduzir analiticamente a lei, mas ampliá-la e completá-la, segundo o seu espírito e o seu conteúdo, sobretudo nos aspectos que a própria lei, expressa ou implicitamente, outorga à esfera regulamentar'." (CUÉLLAR, 2001, p. 43).

Dentro deste contexto, ficou clara a:

"[...] constatação de que o Estado não tem os recursos para os investimentos necessários, e que, além disso, é geralmente um mau administrador, conduziu ao processo de transferência para o setor privado da execução dos serviços públicos. Foi antes um imperativo das circunstâncias do que uma opção ideológica. Mas o fato de determinados serviços públicos serem prestados por empresas privadas concessionárias não modifica a sua natureza pública: o Estado conserva responsabilidades e deverem em relação à sua prestação adequada. Daí a privatização haver trazido drástica transformação no papel do Estado: em lugar de protagonista na execução dos serviços, suas funções passam a ser as de planejamento, regulamentação e fiscalização das empresas concessionárias. É neste contexto que surgem, como personagens indispensáveis, as *agências reguladoras*. [...] Na verdade, as funções transferidas para as agências reguladoras não são novas: o Estado sempre teve o encargo de zelar pela boa prestação dos serviços. Ocorre, todavia, que quando eram eles prestados diretamente pelo próprio Estado ou indiretamente por pessoas jurídicas por ele controladas (como as sociedades de economia mista e as empresas públicas), estas funções não tinham visibilidade e, a rigor, não eram eficientemente desempenhadas. Agora, todavia, a separação mais nítida entre o setor público e o setor privado revigora este papel fiscalizador. [...] A prestação de serviços públicos mediante concessão é disciplinada pela Constituição e pelas leis em geral e, mais especificamente, pela lei própria do setor, pelo contrato celebrado entre a empresa concessionária e o poder concedente e pelas normas e decisões emanadas das agências reguladoras. Tais agências acumulam tarefas múltiplas dentre as quais se incluem: (a) *controle de tarifas*, de modo a assegurar o equilíbrio econômico e financeiro do contrato; (b) *universalização do serviço*, estendo-os a parcelas da população que deles não se beneficiavam por força da escassez de recursos; (c) *fomento da competitividade*, nas áreas nas quais não haja monopólio natural; (d) *fiscalização do cumprimento do contrato de concessão*; (e) *arbitramento dos conflitos entre as diversas partes envolvidas*: consumidores do serviço, poder concedente, concessionários, a comunidade como todo um todo, os investidores potenciais etc." (BARROSO, 1999, p. 370-371).

Um fato merece registro: o açodamento da criação das agências regulatórias, que acabou ocorrendo antes do estabelecimento de um marco regulatório, com base legal específica nas diversas áreas que passaram a ser delegadas. Sendo que algumas demandas, ações e até mesmo determinadas atividades de algumas empresas públicas foram delegadas ou privatizadas antes da criação da entidade regulatória correspondente, e da definição de um arcabouço jurídico-constitucional de regulação, detalhes que, embora de importância, mas sem prejuízo do todo, vieram a atrasar o necessário e imprescindível processo de maturidade porque devem passar tais organismos.

Neste cenário mais forte, que flui de 1997 a 1999, quando da criação da grande maioria das agências de regulação, o modelo passa por uma ampla discussão com duas correntes antagônicas, que se preocuparam muito menos com a regulação propriamente dita, mas muito mais com a visão política e doutrinária de "governar" o governo, tanto no âmbito da federação quanto dos Estados. Nestes, um fato marcante fez e fará parte da história do direito administrativo brasileiro. Ao final de 1998, o Estado do Rio Grande do Sul deixa de ser governado por uma determinada facção política, sob a administração de quem foi criada a AGERGS, e o novo governo, que assume em princípio de 1999, altera substancialmente a visão sobre as coisas do Estado, como se verá adiante.

3. A criação das Agências Reguladoras

Para melhor ilustrar, a designação "autarquia" traz na sua raiz as expressões *autós* (próprio) e *arqui* (comando, governo) caracterizando, assim, na denominação, a independência que a estas entidades, por Lei, é (ou deveria ser) conferida. Desta forma, foi como autarquias que foram criadas todas as agências reguladoras no país, eis que delas se espera a grande independência e liberdade de ação, condições indispensáveis ao pleno exercício das suas competências; aliás, sobre isso, mais do que se disse, a Lei diz, e ela é o instrumento maior. Com tais registros e ajustada à base legal, começam a ser aprovados os projetos de Lei de criação das Agências Reguladoras, tanto no âmbito da Federação como no dos Estados.

Na esfera Federal:
ANEEL – Agência Estadual de Energia Elétrica. Lei 9.427, de 26 de dezembro de 1996, cria ANEEL, disciplina o regime das concessões de serviços públicos de energia elétrica. Autarquia Especial, atua de forma unissetorial, exercendo a função de poder concedente e regulador, com competência delegatória, dotada de diretoria colegiada com mandato.

ANATEL – Agência Nacional de Telecomunicações. Lei 9.472, de 16 de julho de 1997, dispõe sobre a organização dos serviços de telecomunicações, a criação e funcionamento de um órgão regulador e outros aspectos institucionais, nos termos da Emenda Constitucional nº 8, de 1995. Autarquia Especial, atua de forma unissetorial, exercendo a função de poder concedente e regulador, sem competência delegatória, dotada de diretoria colegiada com mandato.

ANP – Agência Nacional do Petróleo. Lei 9.478, de 06 de agosto de 1997.Dispõe sobre a política energética nacional, as atividades relativas ao monopólio do petróleo, institui o Conselho Nacional de política energética e Agência Nacional do Petróleo. Autarquia Especial, atua de forma unissetorial, exercendo a função de poder concedente e regulador, com competência delegatória, dotada de diretoria colegiada com mandato.

ANVISA – Agência Nacional de Vigilância Sanitária. Lei 9.782, de 26 de janeiro de 1999. Define o Sistema Nacional de Vigilância Sanitária, cria a Agência Nacional de Vigilância Sanitária. Autarquia Especial, atua de forma unissetorial, exercendo atividade regulatória frente ao seu objeto, com competência delegatória supletiva, dotada de diretoria colegiada com mandato.

ANS – Agência Nacional de Saúde Suplementar. Lei 9.961, de 28 de janeiro de 2000. Cria a Agência Nacional de Saúde Suplementar. Autarquia Especial, atua de forma unissetorial, exercendo atividade regulatória frente ao seu objeto, com competência delegatória supletiva, dotada de diretoria colegiada com mandato.

ANA – Agência Nacional de Águas. Lei 9.984, de 17 de julho de 2000. Dispõe sobre a criação da Agência Nacional de Águas – ANA, entidade federal de implementação da Política Nacional de Recursos Hídricos e de coordenação do Sistema Nacional. Autarquia Especial, atua de forma unissetorial, exercendo a função de poder concedente e regulador, com competência delegatória, dotada de diretoria colegiada com mandato.

ANTT, ANTAQ – Agência Nacional de Transportes, Agência Nacional de Transportes Aqüaviários. Lei 10.233, de 5 de junho de 2001. Reestrutura o sistema viário multimodial. Cria duas autarquias especiais, atuando de forma mutissetorial, exercendo as funções de poder concedente e regulador, com competências delegatórias, dotadas de diretoria colegiada com mandato.

Na esfera Estadual:

AGERGS – Agência Estadual de Regulação dos Serviços Públicos Delegados do Rio Grande do Sul. Lei nº 10.931, de 09 jan. 1997, cria AGERS. Instalada em 1997. Autarquia especial, atua de forma multissetorial, exercendo atividade regulatória, dotada de diretoria colegiada com mandato.

ASEPRJ – Agência Reguladora de Serviços Públicos Concedidos do Estado do Rio de Janeiro. Lei nº 2.686, de 13 fev. 1997, cria, estrutura, dispõe sobre o funcionamento da Agência Reguladora de serviços Públicos Concedidos do Estado do Rio de Janeiro, e dá outras providências. Instalada em 1997. Autarquia especial, atua de forma multissetorial, exercendo a atividade regulatória, dotada de diretoria colegiada com mandato.

CSPE – Comissão de Serviços Públicos de Energia de São Paulo. Lei Complementar nº 833, de 17 out. 1997. Regulamentada pelo Decreto nº 43.036, de 15 abril 1998. Fica aprovado o Regulamento da Comissão de Serviços Públicos de Energia CSPE, criada pela Lei Complementar nº 833, de 17 out. 1997, constante do anexo que faz parte integrante deste decreto. Instalada em 1998. Autarquia especial, atua de forma unissetorial, exercendo a atividade regulatória, dotada de diretoria colegiada com mandato.

ARCE – Agência Reguladora de Serviços Públicos Delegados do Estado do Ceará. Lei nº 12.786, de 30 dez. 1997, institui a Agência Reguladora de Serviços Públicos Delegados do Estado do Ceará, e dá outras providências. Instalada em 1997. Autarquia especial, atua de forma multissetorial, exercendo atividade regulatória, dotada de diretoria colegiada com mandato.

ARCON – Agência Estadual de Regulação e Controle de Serviços Públicos no Estado do Pará. Lei nº 6.099, de 30 dez. 1997, cria a Agência Estadual de Regulação e Controle de Serviços Públicos, no Estado do Pará, e dá outras providências. Regulamentada pelo Decreto nº 3.207, de 27 nov. 1998. Dispõe sobre a organização interna da Agência Estadual de Regulação e Controle dos Serviços Públicos. Instalada em 1999. Autarquia especial, exercendo atividade regulatória, dotada diretoria colegiada com mandato.

AGERBA – Agência Estadual de Regulação de Serviços Públicos de Energia, Transportes e Comunicações da Bahia. Lei nº 7.314, de 19 maio 1998. Dispõe sobre a criação da Agência Estadual de Regulação de Serviços Públicos de Energia, Transportes e Comunicações da Bahia e dá outras providências. Regulamentada pelo Decreto nº 7.426, de 31 ago. 1998. Aprova o Regimento da Agência Estadual de Regulação de Serviços Públicos de Energia, Transportes e Comunicações da Bahia. Instalada em 2001. Autarquia especial, atua de forma multissetorial (energia, transportes e comunicações), exercendo a atividade regulatória, dotada de diretoria colegiada com mandato.

ASES – Agência Reguladora de Serviços Concedidos do Estado de Sergipe. Lei nº 3.973, de 10 jun. 1998. Regulamentada pelo Decreto nº 18.465, de 07 dez. 1999, aprova o Regulamento Geral da Agência Reguladora de Serviços Públicos Concedidos do Estado de Sergipe. Autarquia especial, atua de forma multissetorial, exercendo a atividade regulatória, dotada de diretoria colegiada com mandato.

ARSEMG – Agência Estadual de Regulação de Serviços Públicos de Minas Gerais. Lei nº 12.999, de 31 jul. 1998, cria a Agência Estadual de Regulação de Serviços Públicos de Minas Gerais, dispõe sobre seu funcionamento e estrutura e da outras providências. Autarquia especial, atua de forma multissetorial, exercendo a atividade regulatória, dotada de diretoria colegiada com mandato.

AGESP – Agência Estadual de Regulação de Serviços Públicos do Estado de Espírito Santo. Lei n° 5.721, de 19 ago. 1998, dispõe sobre a política, a organização e a regulação da prestação de serviços públicos estaduais, cria o órgão regulador e dá outras providências. Autarquia especial, atua de forma multissetorial, exercendo a função de poder concedente e regulador, dotada de diretoria colegiada com mandato.

AGERMT – Agência Estadual de Regulação dos Serviços Públicos Delegados do Estado de Mato Grosso. Lei n° 7.101, de 14 jan. 1999, cria a Agência Estadual de Regulação dos Serviços Públicos Delegados do Estado de Mato Grosso e dá outras providências. Lei Complementar n° 66, de 22 dez. 1999 (alterada pela Lei Complementar n° 99/01 e Lei Complementar n° 175/04). Dispõe sobre alteração da Lei n° 7.101, de 14 jan. 1999, cria cargos na Agência Estadual de Regulação dos Serviços Públicos Delegados do Estado de Mato Grosso e dá outras providências. Regulamentada pelo Decreto n° 1.403, de 30 maio 2000, aprova o Regimento Interno da Agência Estadual de Regulação dos Serviços Públicos Delegados do Estado de Mato Grosso e dá outras providências. Instalada em 2002. Autarquia especial, atua de forma multissetorial, exercendo a atividade regulatória, dotada de diretoria colegiada com mandato.

ARSEPRN – Agência Reguladora de Serviços Públicos do Estado do Rio Grande do Norte. Lei n° 7.463, de 02 mar. 1999, dispõe sobre a criação e o funcionamento da Agência Reguladora de Serviços Públicos do Estado do Rio Grande do Norte e dá outras providências. Lei n° 7.758, de 09 dez. 1999. Dispõe sobre a Agência Reguladora de Serviços Públicos do Rio Grande do Norte, revogando a Lei n° 7.463, de 02 mar. 1999, e dá outras providências. Regulamentada pelo Decreto n° 14.723, de 29 dez. 1999. Aprova o Regulamento da Agência Reguladora de Serviços Públicos do Rio Grande do Norte, criada pela Lei nº 7.463, de 02 mar. 1999, revogada e substituída pela lei nº 7.758, de 09 dez. 1999 e dá outras providências. Instalada em 2000. Autarquia especial, atua de forma multissetorial, exercendo a atividade regulatória, dotada de diretoria colegiada com mandato.

AGR – Agência Goiana de Regulação, Controle e Fiscalização de Serviços Públicos. Lei nº 13.569, de 27 dez. 1999, dispõe sobre a Agência Goiana de Regulação, Controle e Fiscalização de Serviços Públicos e dá outras providências. Regulamentada pelo Decreto nº 5.569, de 18 mar. 2002, aprova o Regulamento AGR, Controle e Fiscalização de Serviços Públicos. Instalada em 2000. Autarquia especial, atua de forma multissetorial, exercendo a atividade regulatória, dotada de diretoria colegiada com mandato.

SC/ARCO – Agência Catarinense de Regulação e Controle. Lei nº 11.355, de 18 jan. 2000, cria a Agência Catarinense de Regulação e Controle e estabelece outras providências. Autarquia especial, atua de forma multissetorial, exercendo a função de poder concedente e regulador, dotada de diretoria colegiada com mandato.

ARPE – Agência Estadual de Regulação de Serviços Públicos Delegados do Estado de Pernambuco. Lei nº 11.742, de 14 jan. 2000. Cria a Agência Estadual de Regulação dos Serviços Públicos Delegados do Estado de Pernambuco, e dá outras providências. Lei nº 12.126, de 12 dez. 2001, altera e consolida as disposições da Lei nº 11.742, de 14 jan. 2000, que cria a Agencia Estadual de Regulação dos Serviços Públicos Delegados do Estado de Pernambuco, e dá outras providências. (Revogada pela Lei nº 12.524, de 30 dez. 2003). Lei nº 12.524, de 30 dez. 2003, altera e consolida as disposições da Lei nº 12.126, de 12 dez. 2001, que cria a Agência de Regulação dos Serviços Públicos Delegados do Estado de Pernambuco, e dá outras providências. Regulamentada pelo Decreto nº 26.348, de 30 jan. 2004. Regulamenta a Lei

Estadual n° 12.524, de 30 dez. 2003, aprova a estrutura organizacional da Agência de Regulação dos Serviços Públicos Delegados do Estado de Pernambuco, e dá outras providências. Instalada em 2000. Autarquia especial, atua de forma multissetorial, exercendo a atividade regulatória, dotada de diretoria colegiada com mandato.

Agência Reguladora dos Serviços Públicos do Distrito Federal – Decreto n° 21.170, de 05 maio 2000, dispõe sobre a reestruturação administrativa do Distrito Federal e dá outras providências.

ARSAL – Agência Reguladora de Serviços Públicos do Estado de Alagoas. Criação – Lei n° 6.267, de 20 set. 2001, institui a Agência Reguladora de Serviços do Estado de Alagoas e dá outras providências. Regulamentada pelo Decreto n° 520, de 22 jan. 2002. Dispõe sobre o regimento interno da Agência Reguladora de Serviços Públicos do Estado de Alagoas e das outras providências. Instalada em 2001.

AAGISA – Agência de Águas, Irrigação e Saneamento da Paraíba. Lei n° 7.033, de 29 de novembro de 2001, institui a Agência de Águas, Irrigação e Saneamento. Instalada em 2002.

AGEEL – Agência Estadual de Energia da Paraíba. Lei n° 7.120, de 28 jun. 2002, institui a Agência Estadual de Energia da Paraíba. Instalada em 2002.

ARTESP – Agência Reguladora de Serviços Públicos Delegados de Transportes do Estado de São Paulo. Lei n° 914, de 14 jan. 2002, cria a Agência Reguladora de Serviços Públicos Delegados de Transportes do Estado de São Paulo. Regulamentada pelo Decreto n° 46.708, de 22 abril 2002, aprova o Regulamento da Agência Reguladora de Serviços Públicos Delegados de Transporte no Estado de São Paulo, criada pela Lei Complementar n° 914, de 14 de jan. 2002. Instalada em 2002.

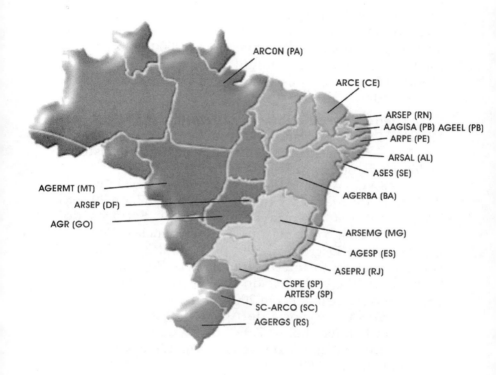

Fig. 1 – Mapa da localização das Agências Regulatórias Estaduais no País
Fonte: KRAUSE, 2002.

4. AGERGS, a primeira

A respeito da AGERGS, primeira agência reguladora a ser instalada no país, vale uma referência especial e histórica acerca da exposição de motivos que sustentou o projeto de Lei de sua criação:

A Agência, sob a forma de autarquia, tem por fundamento a necessidade constatada pelo executivo estadual da existência *de um órgão regulador dos serviços públicos concedidos no âmbito do Estado, que eficazmente regule, controle e fiscalize, sob a ótica macroestrutural, os serviços públicos voltados a infra-estrutura, delegados a particular sob a forma de concessão, permissão ou autorização.*

Com o advento da Lei Federal 8.987/95; que regulamentou o artigo 175 da Constituição Federal, dispondo sobre o regime de concessões e permissões de serviços públicos, falta ao poder público estadual um instrumento capaz de efetivar os compromissos de governo que aliassem a busca de eficácia, segurança, produtividade e qualidade na prestação de serviços públicos de infra-estrutura a uma regulação que mantivesse os direitos dos usuários e buscasse com rigor, a modicidade das tarifas dos serviços públicos, preocupação principal de lei federal que já havia sido demonstrada pala Lei Estadual 10.086/94.

Desde que o modelo excessivamente intervencionista, que via a atuação do Estado como um pronto-socorro, deixou de ser o mais adequado (apesar da importância que teve na superação do modelo da omissão estatal) a falta de recursos estatais para investimentos, *passou-se a buscar instrumentos que viabilizassem investimentos privados no setor público sem que o Estado perdesse o controle, a fiscalização e o poder de mando sobre as atividades estatais.*

Neste sentido, a delegação dos serviços públicos, as modalidades de concessão e permissão, são os instrumentos contemporâneos de indiscutível valia para que se alcance o que se dominou de "Estado Essencial", nem mínimo, nem máximo, mas suficiente e eficiente na satisfação das necessidades coletivas públicas.

A Agência, observada a competência própria da União e dos municípios, tem as atribuições centradas nos seguintes serviços: a) Saneamento; b) Energia elétrica; c) Rodovias; d) Telecomunicações; e) Portos e Hidrovias; f) Irrigação; g) Transportes intermunicipais de passageiros; h) Aeroportos; i) Distribuição de gás canalizado; j)Inspeção de segurança veicular.

Relativamente a estes serviços, não haverá substituição da fiscalização ordinária a ser realizada pelos diversos órgãos estaduais incumbidos destes serviços, mas sim uma fiscalização por padrões paramétricos e por critérios técnicos, econômicos, contábeis e financeiros dos contratos delegatários de serviços públicos, sempre na busca de eficiência do serviço concedido e de seu aprimoramento. (Rio Grande Do Sul, 1997). [grifos nossos].

E ressalte-se ainda:

O órgão ora criado atravessa intencionalmente competências de outros órgãos estaduais, no que diz respeito a formulação de editais e contratos de concessão e permissão do serviço público, a fixação da política tarifária e o estabelecimento de parâmetros de eficácia.

A preocupação com a modicidade das tarifas e com os direitos dos usuários são o objetivo maior do projeto, daí a competência para aprovar níveis estruturas tarifárias e tarifas de serviço através do órgão independente, cuja criação ora se opõe.

A composição do conselho do órgão mostra bem esta preocupação, na medida em que há a participação de representantes dos usuários e consumidores dos serviços, ao lado dos concessionários e permissionários do serviço público.

Opta-se pela estrutura autárquica na medida em que esta dá ao órgão o indispensável poder de polícia para atingir as finalidades precípuas, bem como para lidar com o grande volume de recursos que surgem da prestação de serviços públicos cedidos.

Com o projeto, entende o Governo do Estado que será viabilizado o entendimento da determinação constitucional de manutenção de serviço adequado, de uma política tarifária consentânea com a realidade social e de preservação dos direitos dos usuários. (Rio Grande Do Sul, 1997). [grifos nossos].

Como se vê, a exposição de motivos, ao tempo de 1997, oito anos atrás, já se fazia moderna, quando dava ao órgão regulador a capacidade *"de atravessar intencionalmente competências de outros órgãos estaduais"*.

Talvez se pudesse afirmar ser o primeiro texto envolvendo o tema, inserindo-se como marco regulatório destas novas entidades que, a partir dali, começaram a surgir.

4.1. Um pouco de sua história

Sobre isto, resumidamente pode-se assim dizer dos seus quatro primeiros anos de vida:

[...] Não se teria chegado até aqui se, em 24 de janeiro de 1994, acolhendo proposta do Legislativo estadual, na oportunidade, de autoria do deputado Guilherme Socias Villela, o então governador Alceu de Deus Collares não tivesse sancionado a Lei 10.086, que dispõe sobre o regime de concessão e permissão da prestação de serviços públicos e dá outras providências.

Ao que se sabe, foi a primeira vez que um estado da Federação regulamentou dispositivo constitucional atende-se às questões que diziam respeito à prestação dos serviços públicos. Seria muita pretensão dizer que foi um modelo ao país. O tato é que uru ano depois o presidente da República sancionou a Lei 8.987, de 13 de fevereiro de 1995, dispondo sobre o regime de concessão e permissão da prestação de serviços públicos. previsto no artigo 175 da Constituição Federal e, logo depois dela, a Lei nº 9.074, de 07 de julho de 1995, que estabelecesse normas para a outorga e prorrogações das concessões e permissões de serviços públicos.

Estava iniciando-se uma revolução no país, um modo, talvez, de se enxergar um Estado mais leve. Prevalecia e entendimento de que com a vigência dos referidos dispositivos a ação política de governo, quanto à prestação de serviços públicos delegados não deveria se envolver na ação de fazer, tanto quanto possível regulatória.

Ora, visualizaram os governantes que o Estado deveria ficar menos pesado e que uma gama de serviços poderia ser mais bem conduzida com a presença da iniciativa privada, todavia. assegurando-se a defesa do cidadão sustentado pelo Código de Defesa do Consumidor, bem como buscando-se nessa nova parceria uma relação contratual embasada no equilíbrio econômico-financeiro.

Aliás, importante referir, no texto que ora se inicia que ao se falar da passagem de determinados serviços do setor público ao privado não se está a defender as privatizações, nem a se afirmar que se adotou tal ou qual ideologia. O inegável foi a ocorrência dos fatos.

Assim entenderam o Legislativo e o Executivo que a transferência da prestação de determinados serviços do setor puramente público ao privado deveria ser regrada por leis firmes e por contratos juridicamente perfeitos que tivessem no seu bojo urna clara e perfeita distribuição das ações a serem realizadas, reservando-se os direitos e obrigações das três partes envolvidas: poder concedente, concessionários e usuários.

Faltava um ente que se ajustasse dentro deste triângulo, ora defendendo um, ora defendendo outro, buscando o necessário e imprescindível equilíbrio, de tal forma que o Estado ficasse afastado de parcela de atividade, que esta ação fosse bem realizada pela iniciativa privada e que o usuário mantivesse o nível de satisfação.

Nesse contexto, no âmbito federal, em 26 de dezembro de 1996, foi sancionada a Lei 9.427, que instituiu a Agência Nacional de Energia Elétrica, disciplinando o regime das concessões de serviços públicos de energia elétrica, com as providências pertinentes ao tema. Foi a primeira Agência de Regulação criada no país, embora instalada depois da AGERGS.

Mas coube ao estado do Rio Grande do Sul. aos nove dias do mês de janeiro de 1997, dar nascimento á Lei 10.931, criando a Agência Estadual de Regulação dos Serviços Públicos Delegados do Rio Grande do Sul – AGERGS. Como se veria depois, foi a primeira entidade estadual formatada para exercer atividade regulatória, com cunho multissetorial e a primeira agência do país a se instalar, dando início às suas atividades previstas em Lei, daí afirmar-se que a AGERGS é a entidade com ação regulatória pioneira no Brasil,

acrescida, ainda, fie um componente diferenciado: a presença na direção colegiada, com peso decisório, da participação dos consumidores.
A Agência eslava juridicamente criada. O primeiro problema fora resolvido. Faltava dar vida àquela autarquia. A tarefa parecia ser fácil, mas não era. A equipe técnica e jurídica que havia pensado a AGERGS acreditava que o sucesso da existência da entidade dependia obrigatoriamente de sua montagem.
A lei criadora da AGERGS previu a existência de um Conselho Superior, composto de sete nomes que, de forma colegiada, exerceriam, com absoluta autonomia, a manifestação final acerca das decisões que envolvessem a prestação dos serviços públicos delegados. Dentre os nomes, três seriam de livre escolha do governador, um representaria o futuro quadro funcional da AGERGS, dois, os consumidores, através dos órgãos gestores do sistema estadual de proteção ao consumidor e pelos conselhos de consumidores dos concessionários, permissionários e autorizatários de serviços públicos e, finalmente, um representante dos concessionários, permissionários e autorizatários de serviços públicos.
O referido conselho atuaria com autonomia de decisão, exercendo-a no limite do âmbito administrativo, sempre que objeto de litígio. de mediação e dos competentes atos administrativos relativos ás tarifas, aos contratos, à homologação de editais, enfim, ao equilíbrio econômico-financeiro envolvendo aqueles três pólos dia regulação.
Vencidos os trâmites administrativos iniciais, o primeiro ato formal da Agência de Regulação se deu com a lavratura dos Termos de Posse dos dois primeiros Conselheiros que vieram a integrar o Conselho Superior, fato Ocorrido aos oito dias do mês de julho do ano de 1997.
Como conseqüência da instalação da Agência, com a nomeação dos dois primeiros integrantes do Conselho Superior iniciaram-se os atos formais de cunho administrativo, envolvendo (1) solicitação, junto à Fazenda Estadual, para elaboração e confecção da folha de pagamento: (2) solicitação, à Pasta da Administração e Recursos Humanos, para a liberação de estagiários: (3) abertura de contas bancárias: (4) a liberação dos recursos na Junta de Coordenação

Orçamentária da Secretaria da Fazenda: e, dentre outros tantos (5) a indicação da Diretoria Executiva.
A AGERGS começou a ler existência tática. Ainda havia muita coisa boa a percorrer.

Em 14 de julho de 1997, o subchefe Jurídico e Legislativo da Casa Civil, através do ofício 156, encaminha aquela que seria a primeira consulta formal na história da AGERGS, Tratava-se de encaminhamento do secretario Extraordinário para Assuntos da Casa Civil, que remetia cópia de Projeto de Lei, solicitando exame no que diz respeito à ação regulatória quanto aos aspectos da conveniência e oportunidade.

A AGERGS começava a dizer a que veio.

A Diretoria Executiva fez o seu primeiro deslocamento ao Porto de Rio Grande, oportunidade em que analisou o desempenho dos terminais privados – Em setembro foi emitido o primeiro parecer jurídico em razão de consulta a efetivada por usuário.

A partir desse episódio, a equipe técnica da AGERGS começou a se relacionar com os outros órgãos integrantes do Executivo estadual, bem como com os delegatórios dos serviços públicos, buscando paulatinamente conhecer o seu campo de ação e de trabalho a ser desenvolvido.

Enquanto realizava suas atividades rotineiras, tramitava na Assembléia Legislativa a indicação dos nomes que viriam a compor o Conselho Superior da AGERGS que, tanto quanto os dois primeiros, deveriam cumprir o rito da sabatina na Comissão dos Serviços Públicos e posterior aprovação pelo plenário daquela Casa.

Cumpridos os ritos, em menos de um ano a AGERGS dava início ao cumprimento das suas finalidades. O primeiro ato formal do Conselho, objeto da Resolução 01/97-CS, de 17 de novembro de 1997, merece registro. Aprovou, por unanimidade, o Parecer do Conselheiro-Relator no processo que tratava do Edital e anexos do Complexo Rodoviário Metropolitano, encaminhado a exame pelo Departamento Autônomo de Estradas de Rodagem – DAER.

Na mesma época era publicado no Diário Oficial do Estado o Edital do concurso público para preenchimento dos cargos de nível médio e superior da Autarquia.

Em 30 dezembro de 1997, o governador do estado sancionava a Lei 11.073, regulamentando a taxa fiscalização a ser paga pelos delegatários do serviço publico.

A AGERGS concluía o seu primeiro ano de existência ainda na sede provisória, mas com toda a sua estrutura administrativa definida, com a equipe de assessoramento cumprindo as suas finalidades e a diretoria executiva oportunizando sustentação e base às decisões finalísticas do Conselho Superior em matéria de regulação.

A partir daí, enquanto as diretorias e os assessores buscavam os mais diferentes contatos e aprendizagem junto aos órgãos do Estado que exerciam a titularidade de poder concedente, bem como aos delegatários do serviço público e aos usuários de tais serviços, fim maior do Estado como um todo, o Conselho Superior convidava para exposição em plenário personalidades das mais diversas áreas do direito, da economia, das ciências exatas, da administração pública, do setor empresarial, enfim, para que, através do debate e da troca de idéias fosse aperfeiçoado o conceito de regulação, eis que ainda incipiente no âmbito estadual e federal.

O primeiro passo junto à Agência Nacional de Energia Elétrica – ANEEL foi dado com o inicio das tratativas que viriam a definir o convênio de delegação com aquela agência federal.

Nesse ínterim, a Agência iniciou o seu relacionamento com as concessionárias e cooperativas de energia elétrica do estado do Rio Grande do Sul.

Em março, cerca de oito mil candidatos compareceram ao campus da Pontifícia Universidade Católica – PUC para disputar as 61 vagas oferecidas no concurso da AGERGS, realizado pela Fundação para o Desenvolvimento de Recursos Humanos.

Em cumprimento à Lei 11.075/98. que instituiu o Código Estadual de Qualidade dos Serviços Públicos, a AGERGS realizou a sua primeira Audiência Pública com o início do cadastramento dos Usuários Voluntários, hoje um expressivo número de cidadãos que, periodicamente, contribuem com informações preciosas relativas à qualidade da prestação dos serviços publicas delegados.

Aliás, a esse respeito vale referir a importância e o atingimento da lei em questão. Sob o aspecto da regulação, é talvez a única lei no país que prevê claramente a consulta aos cidadãos de forma absolutamente simplificada. Não são necessários os conhecimentos técnicos, a vinculação político-partidária, o deslocamento da pessoa, a dedicação de tempo, enfim. Basta a qualquer cidadão tomar a iniciativa de inscrever-se no Programa de Usuários Voluntários da AGERGS.

Periodicamente é consultado pela Ouvidoria da Agência sem nenhum ônus, acerca da qualidade da prestação dos serviços públicos, tais como: energia elétrica, rodovias, estradas rodoviárias, saneamento e telefonia, entre outros.

É valiosa participação do Usuário Voluntário que tem contribuído para fornecer um conhecimento eqüidistante e independente envolvendo a qualidade dos serviços públicos.

Este exercício pleno de cidadania iniciou com setenta e quatro participantes. Hoje, com as campanhas desenvolvidas junto aos municípios rio-grandenses, com o apoio da Federação das Associações de Municípios do Rio Grande do Sul – FAMURS, da União de Vereadores do Estado do Rio Grande do Sul – UVERGS e da Associação Gaúcha Municipalista – AG, em razão de convênios firmados, o número que se almeja é de 10 mil pessoas cadastradas.

São cidadãos de todos os recantos do estado do Rio Grande do Sul dizendo à AGERGS o que vêem, o que pensam e o que querem dos serviços públicos delegados.

Tendo pensado e desejado uma administração pública leve e buscado como fim o bem comum, o Governador Antônio Britto deixava a chefia do poder executivo estadual. Com os mesmos propósitos de buscar o bem comum, assumia o Governador Olívio Dutra.

Iniciava-se uma nova gestão pública no estado.

Integrante do ordenamento jurídico do estado, cumpria à AGERGS realizar as tarefas que a lei lhe imputou. Além da natureza autárquica especial, cujo cerne é a autonomia administrativa, financeira e funcional, não competia à AGERGS, sob nenhuma hipótese, envolver-se com a atividade política de governo, nem a pública, nem a partidária. Os componentes do Conselho Superior deveriam exercer seus mandatos voltados para a atividade regulatória.

Todavia, para que se mantenha a verdade histórica, dois fatos relevantes devem ser revelados, dada a sua dimensão a tensão

natural de todo governo que se inicia não foi diferente na nova gestão.
O início do relacionamento não foi harmônico. Como se veria já naquela oportunidade os órgãos jurídicos do governo do estado examinavam com profundidade a lei criadora da Agencia numa tentativa que o tempo mostraria infrutífera de retirar a autonomia decisória do Conselho Superior.

Parcela da equipe de governo entendeu que os mandatos exercidos pelos conselheiros da AGERGS se equiparavam aos dos ocupantes de cargos de provimento em comissão, conseqüentemente, de livre nomeação e exoneração do governante.

Pensando assim, o governo do estado interpôs Ação Direta de Inconstitucionalidade junto ao Supremo Tribunal Federal, tentando obter naquela corte posição favorável, quebrando a imprescindível autonomia da Agência. A decisão teve repercussão nacional.

Mesmo com todas as dificuldades, a missão de regular e de cumprir as suas atividades não foi deixada de lado.

No campo da energia elétrica, o convênio de delegação foi firmado com a ANEEL e começava a ser cumprido. A pequena equipe técnica daquela área interagia com as concessionárias e cooperativas na busca de solução dos conflitos e no exercício da fiscalização das atividades e metas determinadas pela ANEEL.

Já o Programa Estadual de Concessão Rodoviária foi discutido e debatido à exaustão. O futuro diria que os trabalhos técnicos e sugestões apontadas pela AGERGS acabariam por ser acatados, mas isso só veio a ocorrer no final do ano de 2000. Mesmo assim, a equipe técnica foi incansável nas vistorias regulatórias junto aos Pólos Rodoviários. De outro lado, o Conselho Superior realizou diversas reuniões com as partes envolvidas, buscando sempre o caminho da conciliação.

Outros fatos da regulação merecem referência positiva. Alguns órgãos integrantes da administração pública começavam a reconhecer a importância da Agência.

Em julho de 1999, destaco a Deliberação 4/99 da Conselho Superior que aprova a filiação da Agência, na categoria de sócia-fundadora, na Associação Brasileira de Agências de Regulação – ABAR, passando a integrar o corpo diretiva daquela importante entidade, recém-criada.

O final daquele semestre também marcava a primeira edição da revista técnica da Agência, que viria a ser denominada Marco Regulatário. Elaborada na própria AGERGS, foi a primeira revista no âmbito nacional, com caráter eminente técnico. Em face da repercussão e receptividade, a Agência editou o Marco Regulatório nº 2.

Em agosto de 1999, a AGERGS disponibilizava, gratuitamente, a todos os usuários, a atividade integral da Ouvidoria, através do telefone 0800-990066 bem como o site http:/www.agergs.rs.gov.br com informações atualizadas acerca das suas ações e indicadores de qualidade dos serviços públicos concedidos.

O mês de novembro se revestiu de três peculiaridades importantes: (1) a decisão do STF mantendo o mandato dos Conselheiros da AGERGS; (2) o ingresso de nova Ação Direta de Inconstitucionalidade, de iniciativa do governo do estado, questionando as competências da Agência em saneamento, tarifas e homologação de contratos, numa nova tentativa de limitar as ações da AGERGS; e (3) o conselheiro-presidente Guilherme Socias Villela, tendo cumprido a seu mandato, conduz a eleição para o novo presidente da Agência.

Assim, Villela deixava o comando da AGERGS com todas as metas a que havia se proposto realizadas: (1) a instalação da Agência, (2) a sua implantação, (3) a sua operacionalização, (4) o exercício pleno da atividade regulatória, (5) o reconhecimento da Agência em nível nacional, e (6) a decisão do STF acerca dos mandatos dos conselheiros, preservando a autonomia decisória no âmbito de sua competência legal.

Aos dezoito dias do mês de novembro do ano de 1999 era empossado o segundo presidente. Romildo Bolzan.

O conselheiro-presidente foi incansável na busca de um caminho comum. Entendia que a ação coletiva estava acima da pessoal. Porém, foram muitas as divergências e poucas as convergências. Ainda havia no estado quem entendesse a Agência como um órgão político. Apesar disto, a autarquia fortalecia-se cada vez mais em razão dos diversos instrumentos de cooperação técnica e convênios firmados com várias entidades, aliados à presença da AGERGS junto a Associação Brasileira das Agências de Regulação

– ABAR, além dos resultados positivos advindos do cumprimento de metas do convênio de delegação com a ANEEL.
Em 22 de março, o Supremo Tribunal Federal julgava a ADIn 2095-0. A decisão daquela corte suprema encerrou de vez eventuais dúvidas acerca das competências da AGERGS no cenário da regulação, corno se verá posteriormente.
Mas havia, ainda, desafios a cumprir e um longo caminho a percorrer.
A situação do Programa de Concessão Rodoviária não havia se consolidado, de vez que o Governo e as Concessionárias mantinham pontos antagônicos, carecendo de tempo para o ajuste necessário.
No que diz respeito ao sistema tarifário aplicado pela companhia de saneamento estatal foi necessária a interveniência da AGERGS que, entendo-o desequilibrado, recorreu ao Ministério Público que conquistou no Judiciário o retorno das tarifas ao patamar anterior, exercendo a defesa dos consumidores. Não seria naquele ano que a Companhia Riograndense de Saneamento – CORSAN entenderia o seu papel de concessionária.
Neste momento tramita nos órgãos técnicos da Agência pedido encaminhado pela Companhia de Saneamento para reajustamento das tarifas nos moldes preconizados pela AGERGS, bem como da revisão dos contratos de concessão. Era a única área do governo que ainda divergia, não aceitando submeter-se à atividade regulatória.
No campo da qualidade dos serviços, a AGERGS, no mês de março, divulgava a primeira pesquisa do trimestre, com a colaboração dos seus 3.027 Usuários Voluntários.
Naquela época foram nomeados os primeiros profissionais de nível superior, aprovados no concurso público. Nasciam os primeiros técnicos em regulação do país.
Assim, com o apoio do grupo que vinha a se somar, a AGERGS conseguiu cumprir integralmente as metas do seu Plano Operativo.
Inserida na atividade cultural, a AGERGS publicou a terceira edição do Marco Regulatório com as matérias de interesse nacional na área da regulação.
Pelo aspecto da saúde financeira, a Agência ainda enfrentava dificuldades. Em parte dependia dos recursos do erário e da

contrapartida dos delegatários do serviço público que vinham litigando no judiciário, eis que eram contrários ao pagamento da taxa de regulação, recursos imprescindíveis à manutenção das suas atividades, situação que foi solucionada no segundo semestre de 2000, passando a mesma a exercer o seu papel com a necessária autonomia financeira.

Na sessão 331, o Conselho Superior expediu a Resolução nº 80, de 29 de novembro de 2000, aprovando "por maioria de votos, previamente, por imposição da Lei nº 11.545, de 22 de novembro de 2000, os aditivos contratuais que venham a ser celebrados entre o poder executivo e as concessionárias nominadas, na forma e nos termos constantes dos Anexos I a VII, partes integrantes da mesma Lei".

O tempo havia mostrado que estavam corretas todas as manifestações técnicas, os estudos realizados e as incansáveis reuniões de mediação construídas pelo Conselho Superior da AGERGS junto ao poder concedente e às concessionárias de rodovias. Os aditivos firmados, em realidade, agregavam e davam valia a propostas que há muito vinham sendo defendidas pela AGERGS.

Ainda no final daquele exercício foram realizadas audiências públicas previstas em lei e as requeridas pela ANEEL; todas as outras áreas foram objeto do Plano de Metas conduzido pela Diretoria Executiva.

Aliás, no que diz respeito à energia elétrica, merece referência especial a atuação da equipe vinculada à Gerência de Projetos de Energia que realizou um importante trabalho de mediação junto às concessionárias e autorizatárias do setor no âmbito geográfico do estado. Áreas de conflito que implicavam sérios problemas de segurança às comunidades servidas de energia elétrica foram, na sua quase totalidade, solucionadas.

Reconhecida nacionalmente e melhor aceita pela atual administração estadual, a AGERGS inicia o exercício de 2001 voltada para suas atividades de cunho técnico. O exercício regulatório deixa de ser uma novidade e passa a ser ação natural do Conselho Superior. Na área de energia elétrica, a relação entre ANEEL e a AGERGS é de tal harmonia que aquela repassa mais atividade e mais recursos. Diante disto, respaldado pelo Conselho Superior, o conselheiro-presidente firma, no mês de abril, dois contratos de apoio técnico com a Fundação Universitária do estado de Santa Catarina – FESC e a

Fundação de Apoio à Tecnologia e Ciência – FATEC, vinculada à Universidade Federal de Santa Maria., objetivando a fiscalização dos serviços de energia elétrica. A Agência se qualificava com o apoio do setor acadêmico.

Não deixaram de ser atacados outros aspectos da órbita regulatória, situações que envolveram (1) as travessias hidroviárias; (2) o transporte intermunicipal de passageiros; (3) um sem número de vistorias regulatórias, atingindo as mais diversas concessionárias, permissionárias e autorizatárias de serviço público; (4) a situação das estações rodoviárias do litoral; e (5) os avanços na área do gás.

Em 23 de fevereiro, a AGERGS firmou acordo de cooperação com a Secretaria do Diretor Econômico do Ministério da Justiça, mais um elo de aproximação no sentido da promoção da defesa da ordem econômica e a proteção do consumidor.

Ainda no âmbito federal, recentemente foi assinado convênio de delegação com o Ministério dos Transportes, objetivando o acompanhamento e a fiscalização da concessão rodoviária envolvendo a região geográfica do município de Pelotas.

Objetivando cada vez mais oferecer um serviço plenamente adequado aos cidadãos, fim maior da AGERGS, está em processo de implantação um programa específico de Qualidade Total, direcionando para a melhoria das atividades desempenhadas pela equipe que dá suporte à Agência. Além disso, a presidência enviou ofício a todas as universidades e faculdades do estado, consultando sobre a existência de trabalhos técnicos de cunhos regulatório, envolvendo as áreas de privatização, concessão de serviços, regulação econômica, equilíbrio econômico-financeiro, contratos públicos, enfim, toda uma gama de assuntos que possam servir de referencial ao banco de dados da Agência.

O nascimento da AGERGS teve um dia marcado, 9 de janeiro de 1997, e a sua instalação, em 8 de julho de 1997. Naquele tempo a regulação dos serviços no Brasil ainda era uma utopia, discutida por um pequeno grupo de pessoas que deram os primeiros passos junto com aquela autarquia. As dúvidas eram incomensuráveis, eis que não havia um padrão a seguir, não havia uma cópia, não havia similitude. A AGERGS era a primeira. Tudo era construir, caminhar, aprender e, inclusive, tentar regular, regular errando e regular buscando acertar.

> No caminho, os contrários; em marcha, a AGERGS.
> A história dos seus quatro anos aí está. As soluções deram imenso trabalho, mas ao mesmo tempo a satisfação de ver a instituição erguida, em pé, firme, sedimentada, olhando à frente, sustentada na base firme de seu recente passado.
> A AGERGS celebrou em 8 de julho de 2001 os seus quatros anos da instalação.
> Naquela data deixaram a entidade o primeiro e segundo presidente, Guilherme Sociais Villela e Romildo Bolzan. Ficam, ainda, no pleno exercício de seus mandatos, até 10 de novembro de 2001, os conselheiros Maria de Lourdes Reyna Coelho, Odilon Rebés Abreu, Dagoberto Lima Godoy e Gilberto José Capeletto.
> Está é a história d AGERGS. A história dos primeiros reguladores do país.
> Não bastasse ser a primeira agência a ser instalada no país, desafiada nestes quatro anos por duas visões de governo absolutamente antagônicas, a AGERGS, mesmo assim, cumpriu integralmente as atividades que o legislador lhe confiou. Contestada, sobreviveu a duas Ações Diretas de Inconstitucionalidade. Deixa como legado histórico a preservação da autonomia dos entes reguladores e o respeito às competências a eles atribuídas.
> Em fevereiro de 1999, o estado do Rio Grande do Sul interpôs Ação Direta de Inconstitucionalidade contestando a redação de dois artigos da Lei de Criação da AGERGS. A matéria envolvia os mandatos dos conselheiros da autarquia. Ainda naquele exercício, no mês de outubro propôs nova Ação Direta de Inconstitucionalidade visando impugnar algumas competências da autarquia, dispostas, também, na sua Lei de Criação.
> Dirigente do Jurídico à época, elaborei memoriais e apresentei aos Ministros do STF, justificando a constitucionalidade da matéria, em ambos os casos. (KRAUSE, 2001, p. 31-45)

Neste período, proliferaram-se as agências de regulação, todavia em espaço de tempo muito curto, para que adquirissem conteúdo, norte e sedimentação necessária para enfrentar as grandes responsabilidades que suas leis de criação lhes reservaram.

A verdade histórica é que a AGERGS pagou o preço de ser a primeira no país, nada havia para se copiar. No exercício de 1999, no Estado do Rio Grande do Sul, assumiu um novo governo que queria e buscava o bem comum, tanto quanto o governo que havia saído. Mas, para os que entravam, a AGERGS era um problema, um empecilho, um cerceamento ao poder de decisão do governante.

Em fevereiro daquele ano, o Governador do Estado do Rio Grande do Sul ingressa com a primeira Ação Direta de Inconstitucionalidade (ADIn 1949-0/RS), junto ao Supremo Tribunal Federal, contestando a autonomia da entidade e, no segundo semestre, ingressa com outra ADIn, discutindo as competências da autarquia (ADIN 2045-0/RS).

4.2. Memoriais

Dois registros especiais são necessários, dizem respeito aos históricos episódios das ADINS. O primeiro, quando da construção e do embasamento das mesmas, e o segundo, no que diz respeito à decisão da Suprema Corte Brasileira. A ADIn 1949-0/RS, que contestava a competência e a autonomia dos dirigentes máximos da AGERGS, foi assunto nacional, sendo a legislação brasileira pouco encontradiça sobre o tema. Numa conversa em que se foi buscar o apoio do Ex-Ministro do Supremo Tribunal Federal, Dr. Paulo Brossard de Souza Pinto assim nos aconselhou: "Nos memoriais aos Ministros do Supremo Tribunal Federal diga a Constituição, mas só o suficiente. Diga muito sobre o que é uma agência de regulação, o que faz, o que representa, a sua importância, pois disso poucos sabem os componentes daquela Corte.".

Não havia modelos no direito brasileiro, a situação da AGERGS era única. Da vasta biblioteca do Dr. Brossard veio o texto Direito Constitucional Americano, que transcrevo abaixo, com a finalidade de mostrar que o tema, também, esteve "presente" na Suprema Corte Americana, há setenta anos atrás:

> Se analisarmos somente os departamentos executivos comuns, chefiados pelos membros do Gabinete, não teremos uma idéia completa da engrenagem administrativa americana, pois no Governo federal há grande número de repartições que não pertencem a qualquer desses departamentos. As de maior destaque são as chamadas comissões administrativas autônomas. Existem oito entidades importantes desse tipo no Governo federal cujas funções envolvem a regulamentação de determinados aspectos do sistema econômico americano. "A comissão administrativa autônoma", afirmou um recente relatório sobre a organização do setor executivo dos Estados Unidos, "é um aspecto relativamente novo do Governo americano. Consiste numa junta ou comissão, não enquadrada num departamento executivo, e empenhada na regulamentação de alguma forma de atividade privada". O tipo de autoridade regulamentadora atribuído a essas entidades pertence a duas categorias gerais. A algumas, como a Comissão do Comércio Interestadual, a primeira dessas entidades, que foi criada em 1887, são concedidos amplos poderes de controle sobre uma determinada indústria, tal como a indústria de transporte. A outras é outorgada uma extensa autoridade para impedir certas práticas abusivas na economia do país, supostamente prejudiciais ao funcionamento do sistema de livre concorrência. Assim, a Comissão Federal de Comércio está autorizada a proibir métodos desleais de concorrência por parte dos homens de negócios empenhados no comércio interestadual.
>
> Para que essas comissões autônomas possam cumprir adequadamente as suas funções regulamentadoras, foi-lhe delegada autoridade tanto administrativa quanto quase-judicial. Além disso, à maioria delas foram concedidos amplos poderes de legislação delegada. "Se na vida privada tivéssemos de organizar uma entidade para o funcionamento da indústria, dificilmente seguiríamos o modelo de Montesquieu". Tão pouco a regulamentação da indústria pode ser efetivamente realizada sob uma rigorosa separação de poderes. O poder industrial deve ser controlado pelo poder gover-

namental igualmente concentrado. As comissões administrativas, como a Comissão do Comércio Interestadual, tornaram-se conseqüentemente, pôr assim dizer, os repositórios de todos os três tipos de poder governamental. Nesses organismos, as várias etapas de elaboração e aplicação da lei, tradicionalmente separadas na política anglo-americana "foram enquadradas numa só coisa".

Os membros das comissões administrativas criadas nos Estados Unidos são nomeados pelo Presidente para um determinado período de anos, sujeitos a confirmação do Senado. Em virtude de possuírem autoridade quase judicial, reconhece-se amplamente que eles não devem estar diretamente subordinados à direção presidencial no desempenho de seus deveres funcionais. No caso das entidades que possuem tal autoridade, como o Professor Laski frisou, "o objetivo da legislação é oferecer ao cidadão uma garantia de que o funcionário é independente do Executivo político no que concentre à opinião que ele forma a respeito de sua política. É tão legítimo salvaguardar essa garantia como o é assegurar a autoridade de um juiz contra a interferência do Executivo".

A completa independência das comissões administrativas no sistema americano em relação ao Presidente é uma conseqüência do caso Humphrey, que foi julgado pela Corte Suprema em 1935. Esse caso originou-se da demissão, pelo Presidente Roosevelt, de um membro da Comissão Federal de Comércio, o qual na sido nomeado pelo seu predecessor em 1931 para um período de sete anos, sobre o fundamento de "que os objetivos e finalidades desse Governo com respeito ao trabalho da Comissão podem ser efetuados mais eficazmente com pessoal de minha própria escolha". O estatuto aplicável ao caso estabelecia que os membros da comissão deviam permanecer no cargo durante um período de sete anos e que "qualquer membro da comissão pode ser demitido pelo Presidente pôr ineficiência, negligência dos deveres ou mau procedimento no cargo".

A Corte Suprema, julgando esse caso, sustentou que o Presidente não possuía o poder amplo de demissão sobre os membros da comissão que tinha sobre os funcionários nomeados pôr ele nos departamentos executivos comuns. Aludindo ás funções quase judiciais da comissão, o Juiz Sutherland afirmou que a liberdade do controle presidencial era vital à sua execução. "A autoridade do

Congresso", diz o seu voto, "em criar entidades quase legislativas ou quase judiciais, para exigir que desempenhem os seus deveres independentemente do controle executivo, não pode ser posta em dúvida; e essa autoridade abrange, como um incidente apropriado, o poder de fixar o período durante o qual os seus membros continuarão no cargo e de proibir a sua demissão nesse ínterim a não ser pôr uma justa causa. Pois é evidente que aquele que ocupa o cargo somente durante o tempo que aprouver a outrem não pode manter uma atitude de Independência contra a vontade deste último".

Que a decisão do caso Humphrey tende a tornar difícil o papel do Presidente como chefe administrativo do Governo americano não se pode duvidar. O reconhecimento pela Corte Suprema da autonomia das comissões administrativas contribui para tornar o Governo dos Estados Unidos algo bem diferente de um Executivo totalmente coordenado como é o desiderato do administrador eficiente. "A essas comissões independentes delegaram-se poderes amplos para explorar, formular e administrar as políticas de regulamentação; concedeu-se-me a tarefa de investigar e apurar o mau procedimento nas transações comerciais; concederam-se-lhes poderes, semelhantes aos exercidos pêlos tribunais de justiça, para passarem em concreto casos sobre os direitos e as responsabilidades dos indivíduos segundo os estatutos. São na realidade Governos autônomos em miniatura, criados para tratar do problema das ferrovias, do problema bancário ou do problema do rádio: Constituem um acéfalo "quarto setor do Governo", um repositório eventual de entidades Irresponsáveis e poderes incoordenados".

A grande fraqueza da comissão administrativa autônoma americana, para um estudioso da administração pública, é que ela é um organismo híbrido, criado para desempenhar funções basicamente incompatíveis, cuja própria incompatibilidade torna impossível que sejam realizadas adequadamente. Em primeiro lugar, a comissão é Investida dos direitos positivos de cumprir os seus próprios estatutos, geralmente formulados em termos amplos e gerais (ou mesmo apenas em esboço), pelo exercício dos poderes de legislação delegada, e de aplicar os seus dispositivos. Especialmente importante nesse particular é o dever afirmativo Imposto à maioria desses próprios organismos para assegurar que os seus estatutos estejam efetivamente de acordo com o objetivo de desmascarar os violadores da lei. Essas funções são basicamente executivas, e a eficiência com a qual são exercidas deve forçosamente ter repercussões, às vezes drásticas, Sobre a política e as medidas tomadas pelo Presidente como chefe do setor executivo do Governo. A própria autonomia dessas entidades é de tal ordem que quase inevitavelmente impede a execução efetiva da política e medidas do Presidente nos campos chefiados a elas. O novo Presidente pode, pôr exemplo, abrandar ou tornar menos rigoroso o cumprimento das leis antitrustes. Mas a sua política em qualquer sentido pode ser frustrada se a maioria da Comissão Federal de Comércio estiver empenhada numa política contrária seguida pelo seu predecessor.

Então, alguém pode perguntar, pôr que não se retira dessas entidades o seu caráter autônomo e não se as enquadram na estrutura do setor executivo sujeitas ao controle hierárquico completo do Presidente? Tal solução é impedida pelo fato de que as comissões administrativas, além de suas funções de cumprir e aplicar a sua própria legislação, que são de natureza essencialmente executiva, são investidas do poder de decidir os casos em que os suspeitos de violação da legislação devem ser processados. Esse último dever é de natureza fundamentalmente judicial – o de julgar os réus levados à barra da justiça (justiça administrativa e não justiça judicante, é verdade, mas Isso não altera a natureza primacialmente judicante da função). Função desse tipo, segundo as concepções anglo-americanas, pode ser melhor exercida num clima de independência e não como parte integrante do próprio processo de execução das leis, exposto a todas as pressões que atuam nas esferas políticas do Governo. Dai a independência desses organismos com respeito ao Chefe do Executivo, salientado pelo caso Humphrey. Mas a finalidade de assegurar decisões judiciais verdadeiramente independentes desvirtuada em vista de tais comissões possuírem as funções executivas referidas acima. Não é de esperar que as comissões decidam os casos que lhe são apresentados com aquela "fria neutralidade de um juiz imparcial" da qual fala Burke, quando são elas que instauraram o processo contra a parte privada e são elas que têm a responsabilidade de apresentar o caso contra a parte.

Aqui então se encontra o grande paradoxo da comissão administrativa americana. A ela se atribuem funções executivas pôr que se imagina que só assim se pode conseguir efetivamente aplicar um plano de regulamentação governamental. Ao mesmo tempo, porém, ela é colocada numa posição de independência o Presidente, para assegurar que as suas funções Judiciais serão executadas sem a influência de quaisquer pressões e preconceitos políticos. O que de modo geral não se compreende é que a combinação dessas funções num único organismo torna a execução efetiva de qualquer delas mais difícil. A fusão dos deveres de investigador, promotor e juiz nesse único órgão torna o exercício da função deste último, no aspecto verdadeiramente judiciais quase impossível. Além disso, a atribuição de deveres judiciais a esse órgão, encarregado ainda da aplicação da lei, torna o próprio exercício da função administrativa muito difícil. Do ponto de vista do interesse público, na verdade, esse aspecto do problema é, pôr vários motivos, o mais importante. A coordenação executiva adequada é dificultada pela atribuição dos deveres administrativos vitais a estes órgãos, que não têm qualquer responsabilidade perante o Presidente, porque tal autonomia é considerada a necessária para o exercício adequado de suas funções judiciais.

A chave do problema da comissão administrativa americana é, portanto, a fusão dos seus deveres administrativos e judiciais – não somente porque tal fusão militar contra o exercício apropriado do papel de quase juiz, mas, igualmente importante, porque impede que o trabalho administrativo das comissões seja efetivamente coordenado na política e medidas do Executivo, de modo geral.

[...] A análise que acabamos de fazer das comissões administrativas autônomas mostra que, do ponto de vista da administração efetiva, a organização do setor executivo do Governo federal ainda deixa algo a desejar. Mas o problema da comissão administrativa é apenas um aspecto da questão da organização efetiva do setor executivo do Governo. E o mais importante é que essa questão interessou muito aos estudiosos americanos de Governo nas gerações passadas. O problema da reorganização executiva evidentemente se repete em qualquer sistema de Governo. A Constituição americana, como já vimos, não faz referência nem aos detalhes de estrutura nem aos métodos de funcionamento do órgão executivo. Conseqüentemente, essas coisas se alteraram sensivelmente com o correr dos anos e se tornaram objeto de numerosas investigações e propostas de reforma, Inspiradas pelo amplo desejo de aumentar o rendimento do trabalho e economizar nas despesas do Governo. Especialmente durante OS últimos 20 anos, como nos informa um especialista francês em Direito Comparado, o problema da reorganização geral da estrutura governamental americana tem estado na agenda política.

A reorganização efetiva da administração pública deve basear-se em estudos minuciosos, realizados por entendidos no mecanismo administrativo existente. O primeiro estudo importante desse tipo foi realizado em 1937 pela Comissão Presidencial de Direção Administrativa, composta de três competentes administradores públicos nomeados pelo Presidente Roosevelt para investigar o problema. Essa Comissão, em seu relatório, afirmou que nenhuma empresa poderia funcionar eficientemente se estivesse estabelecida como o Governo federal. "Há mais de cem departamentos, juntas, comissões, diretorias, organizações, superintendências, repartições e atividades independentes através dos quais se realiza o trabalho do Governo. Nem o Presidente nem o Congresso podem exercer supervisão e direção eficientes sobre esse caos de entidades, tampouco se pode evitar a confusão, duplicação e políticas contraditórias".

A preocupação fundamental da comissão presidencial era assegurar ao Presidente autoridade de supervisão adequada sobre a administração pública. Para isso, ela fez diversas recomendações. A mais importante delas abordava o problema das comissões administrativas autônomas, o qual já foi discutido. "Qualquer programa destinado a restaurar o nosso ideal constitucional de um órgão executivo plenamente coordenado", declarou a comissão, "deve por ao alcance desse controle responsável todo o trabalho feito por essas comissões autônomas que não seja de natureza judicial". Para conseguir isso, a comissão propôs substituir as comissões autônomas por dois tipos de entidades, ambos a serem organizados dentro de departamentos executivos apropriado, cujos chefes estejam, como já vimos, subordinados ao poder de demitir do Presidente. A uma dessas entidades se atribuiriam as funções "quase-judiciais" das atuais comissões, e ela exerceria essas funções tal como as comissões atuais o fazem, gozando de completa independência do departamento e do Presidente com respeito ao seu trabalho e às suas decisões. A outra entidade, que exerceria todas as funções não-judiciais agora atribuídas às comissões, seria diretamente responsável perante o Ministro ou Secretario do departamento e, através dele, perante o Presidente. Para permitir que o Presidente realizasse as suas recomendações, a comissão presidencial sugeriu que o Chefe do Executivo fosse Investido de amplos poderes para reorganizar a administração pública. O Congresso atendeu a esta proposta aprovando a Lei de Reorganização de 1939, a qual outorgava ao Presidente autoridade para promulgar os chamados planos de reorganização, que deveriam fornecer o reagrupamento, a transferência ou a redistribuição das funções das repartições do Governo a critério do Presidente. Contudo, nas palavras de um comentador, ela não "pôs nas mãos do Presidente os meios de cortar com um só golpe mortal o "nó górdio" do problema da organização administrativa". Os planos de reorganização preparados pelo Presidente tinham de ser apresentados ao Congresso e teriam efeito apenas sessenta dias após tal apresentação se, durante esse período, não tivesse sido aprovada uma resolução de ambas as Casas contrária ao plano. E, o que é mais importante, a Lei de 1939 isentava expressamente as comissões administrativas autônomas e certo número de outras entidades públicas do cumprimento de seus dispositivos. Tampouco o Presidente recebia autorização para abolir qualquer das funções das entidades afetadas pelos seus planos de reorganização. A autoridade outorgada pela Lei deveria expirar ao fim de dois anos. A guerra contribuiu para desviar a atenção da questão da reorganização administrativa. Após o seu término, porém, reconheceu-se francamente que havia chegado o momento do estudo definitivo de todo o problema. Foi isso que levou o Congresso, em 1947, a estabelecer por lei a criação da Comissão de Organização do Ramo Executivo do Governo. Esta comissão, popularmente conhecida como Comissão Hoover, em virtude de ser dirigida pelo ex-presidente Hoover, destinava-se a "estudar e investigar a organização e os métodos atuais de funcionamento de todas as repartições do setor executivo do Governo". A comissão era bipartidária, com seis membros escolhidos em cada partido. Cada quatro membros da comissão eram escolhidos pelo Presidente da República, pelo Presidente da Câmara dos Representantes e pelo Presidente pra tem pare do Senado. O trabalho da Comissão Hoover representa a tentativa mais ambiciosa já feita para estudar-se a organização da administração pública americana. O método por ela adotado para sua investigação foi o mais completo possível. Começou por definir vinte e quatro dos principais problemas de governo e administração, os quais incluíam itens como pessoal, orçamento e contabilidade, correios, relações exteriores e muitos outros assuntos desse tipo. Comissões especiais de pesquisa, denominadas "forças-tarefa", foram então criadas. Compostas de cerca de trezentos especialistas eminentes, essas forças-tarefa fizeram investigações em cada campo e, um ano depois, voltaram à comissão com os dados obtidos. "O resultado foi a mais grandiosa coleção de fatos, algarismos e opiniões sobre Governo que já foi possível reunir. Consistia, na verdade, em cerca de 2.500.000 palavras de dados básicos dos mais valiosos". Esse volumoso material foi então esmiuçado pela própria comissão durante cerca de um ano. A comissão preparou uma série de 19 relatórios que foram divulgados durante o primeiro semestre de 1949. Esses relatórios, como um observador estrangeiro afirmou, tomados em seu conjunto, constituem uma fonte incomparável de informações sobre a organização e funcionamento do Governo americano.

O método adotado pela Comissão Hoover era essencialmente o do chamado especialista em eficiência, cujo papel se tornou tão importante na gerência industrial moderna dos Estados Unidos. "Para dizermos de outra maneira, Herbert Hoover e seus subordinados, como consultores técnicos, ofereceram ao povo americano um esquema para a consecução de um bom governo". Os detalhes desse esquema não nos interessam aqui. Para as nossas finalidades, basta observar que a Comissão Hoover, como a Comissão Presidencial de Direção Administrativa uma década antes, se preocupava fundamentalmente em tornar eficiente a posição do Presidente como chefe administrativo do Governo. O Presidente, e abaixo dele os seus lugar-tenentes, os chefes dos departamentos, declara a comissão, evidentemente devem ser considerados responsáveis perante o povo e o Congresso pela direção do setor executivo. Ao mesmo tempo, "a responsabilidade é impossível sem autoridade – o poder de dirigir. O exercício de autoridade é impossível sem uma clara linha de retorno de baixo para cima". Qualquer esforço sistemático para melhorar a organização e o funcionamento do Governo deve estabelecer uma linha de controle nítida desde o Presidente até as várias entidades da administração federal.

A Comissão Hoover, como a Comissão Presidencial de Direção Administrativa que a precedeu, percebeu que a reorganização efetiva do setor executivo só poderia ser realizada por iniciativa do próprio Presidente. E, como a comissão que a antecedeu, recomendava que se delegasse ao Presidente autoridade para promulgar planos de reorganização. Compreendeu, porém, que limitações tais como as contidas na Lei de Reorganização de 1939, mencionada acima, eram desaconselháveis. "A Comissão recomenda tal autoridade ao Presidente e que o poder do Presidente de preparar e transmitir planos de reorganização ao Congresso não deve ser restringido por limitações ou isenções. Uma vez que comece o processo de isenção e limitação, ele acabará com a possibilidade de se conseguir resultados realmente substanciais". Especificamente, a comissão discorda da isenção do poder de reorganização das comissões administrativas autônomas contida na Lei de 1939. A única limitação á qual a Comissão não se opôs foi um dispositivo para a apresentação do plano de reorganização ao Legislativo.

A Lei de Reorganização de 1949, que foi aprovada para atender á recomendação da comissão, satisfez enormemente os desejos desse organismo. Essencialmente como a Lei de 1939, que outorgava ao Presidente autoridade para promulgar planos de reorganização, ela não continha essas restrições legais. O Presidente era expressamente autorizado a abolir qualquer função bem como qualquer repartição ou entidade pública. Mais importante ainda era o fato de que nenhuma entidade – nem as comissões administrativas autônomas nem qualquer repartição governamental – estava isenta dessa Lei. A única limitação imposta era a da desaprovação legislativa. Os planos de reorganização deviam ser apresentados ao Congresso durante sessenta dias e só entrariam em vigor se não fossem rejeitados por qualquer das Câmaras. Devemos mencionar também que o poder outorgado ao Presidente pela Lei de 1949 duraria apenas quatro anos. Uma Lei concedendo autoridade semelhante ao Presidente Eisenhower, porém, foi prontamente aprovada pelo Congresso que se reuniu no inicio de 1953. Agindo de acordo com o poder que lhe foi atribuído pela Lei de 1949, o Presidente submeteu mais de trinta planos de reorganização ao Congresso durante a vigência da Lei. Num deles, a Comissão Marítima, uma das comissões administrativas autônomas foi enquadrada no Departamento do Comércio e as suas funções administrativas foram separadas de suas funções regulamentadoras quase judiciais. Isso, deve-se notar, foi a primeira aplicação pratica da solução do problema da comissão autônoma recomendada, como vimos, pela Comissão Presidencial de Direção Administrativa.

O exercício de sua autoridade pelas Leis de Reorganização de 1949 e 1953 permitiu ao Presidente estender e consolidar sua posição como chefe da administração pública americana. Ao mesmo tempo, do ponto de vista da administração eficiente, não se pode negar que o problema da organização efetiva do Executivo federal continua a existir. Especialmente importante nesse particular é a questão da autonomia das comissões administrativas que, com exceção da Comissão Marítima, até agora não foram atingidas pêlos planos de reorganização presidenciais. A não responsabilidade dessas entidades perante o Presidente ainda prejudica enormemente a sua posição como chefe-geral da administração. "Colocado pela Constituição na chefia de um ramo executivo unificado e centralizado, incumbido do dever de zelar pela fiel execução das leis, ele deve contornar certas entidades administrativas poderosas que, de forma alguma, estão sujeitas à sua autoridade e que, portanto, constituem obstáculos reais e virtuais á sua direção total efetiva da administração nacional". (SCHWARTZ, p.149-158)

Esta matéria integrou os debates do Supremo Tribunal Federal, sendo destaque no voto do Ministro Nélson Jobim, que buscou apoio em decisões similares da Corte, em entendimentos do ex-Ministro Victor Nunes frente a posições escritas nas Constituições passadas.[3] Assim, o presente relato tem sentido nos dias de hoje, eis que a autoridade não está acima da Lei, esta é o primado, é o norte.

4.3. As decisões em sede de liminar do Supremo Tribunal Federal

A decisão do Supremo Tribunal Federal resultou em elemento garantidor da autonomia das agências de regulação, em especial da AGERGS, objeto do litígio.

Desta forma, transcrevo a Ação Direta de Inconstitucionalidade nº 1949-0/RS,[4] para maiores esclarecimentos:

> Excelentíssimo Senhor
> DOUTOR CARLOS MÁRIO DA SILVA VELLOSO
> Ministro Presidente do Supremo Tribunal Federal
> **AÇÃO DIRETA DE INCONSTITUCIONALIDADE Nº 1949-0/RS**
> Requerente: Governador do Estado do Rio Grande do Sul
>
> O CONSELHO SUPERIOR DA AGÊNCIA ESTADUAL DE REGULAÇÃO DOS SERVIÇOS PÚBLICOS DELEGADOS DO RIO GRANDE DO SUL vem ante Vossa Excelência, respeitosamente, no uso do direito constitucional de petição, para apresentar este memorial objetivando o esclarecimento sobre questões que envolvem a questionada constitucionalidade do artigo 8º da Lei 10.931/97 que criou a AGERGS, tendo em vista a especial relevância do tema "sub judice" que transcende os interesses da Agência Reguladora Gaúcha e envolve todo o moderno processo regulatório que se está a construir no País.
>
> Preliminarmente:
> A Agência Estadual de Regulação dos Serviços Públicos Delegados do Rio Grande do Sul (AGERGS) foi criada sob a forma de

---

[3] JOBIM, Nelson. *Voto na Ação Direta de Inconstitucionalidade 1949-0/RS.*

[4] Memorial elaborado por Eduardo Battaglia Krause e Fernanda Knijnik Milman, no Departamento Jurídico da AGERGS.

Autarquia Especial, fundamentada na necessidade e no entendimento do Estado de possuir um ente regulatório com autonomia administrativa, financeira e decisória no seu campo específico de atuação – *órgão regulador dos serviços públicos quando delegados ao setor privado*, que eficazmente regule, controle e fiscalize, sob a ótica macroestrutural, em especial nas áreas de saneamento, energia elétrica, rodovias, telecomunicações, portos e hidrovias, irrigação, transporte intermunicipal de passageiros, aeroportos, distribuição de gás canalizado e inspeção de segurança veicular.

Entende-se por regulação os atos de controle, fiscalização, normatização e padronização dos serviços públicos delegados, bem como os de fixação, reajustamento e revisão ou homologação de tarifas. Na atividade de regulação, a AGERGS realiza análises do desempenho econômico dos serviços delegados e da eficiência dos mesmos, bem como pesquisas junto aos usuários para assegurar que estão pagando preços justos e recebendo serviços de qualidade. Conseqüentemente, não examina nem questiona as políticas relativas aos serviços públicos, *ação exclusiva de governo*, mas apenas exerce as funções de regulação, competindo-lhe moderar, dirimir ou arbitrar conflitos de interesses, no âmbito administrativo, dentro do limite de suas atribuições, previstas em Lei, relativas aos serviços sob sua regulação.

Dos Fatos:
Embora a clareza do texto legal que criou a AGERGS, o Estado do Rio Grande do Sul interpôs Ação Direta de Inconstitucionalidade – ADIN 1949-0 – contestando a redação dos artigos 7º e 8º da lei de criação da AGERGS, solicitando, ainda, a supressão das expressões **em negrito** dos referidos dispositivos:

Art.7º- O Conselheiro terá mandato de 4(quatro) anos, será nomeado e empossado **somente após a aprovação do seu nome pela Assembléia Legislativa,** devendo satisfazer, simultaneamente, as seguintes condições (...)

...

O STF, por maioria, vencido o senhor Ministro Marco Aurélio, indeferiu o pedido de Medida Cautelar tanto na redação originária como na alteração redacional vigente, mantendo o texto integral por entender revestido da adequada constitucionalidade.

Art.8º- O Conselheiro **só** poderá ser destituído, no curso de seu mandato, **por decisão da Assembléia Legislativa.**

O Senhor Ministro Relator, Sepúlveda Pertence, votou deferindo o pedido de Medida Cautelar, para suspender, até a decisão final da ação, a eficácia deste artigo. O julgamento foi suspenso em virtude do pedido de vista do Senhor Ministro Nelson Jobim.

Em 13 de abril de 1999, na qualidade de requerida, a Mesa da Assembléia Legislativa do Estado do Rio Grande do Sul apresentou memoriais demonstrando a constitucionalidade das expressões e dispositivos impugnados pelo requerente, pedindo, por fim, que a Medida Cautelar seja denegada, julgando o STF, no mérito, improcedente a Ação.

Das alegações do Requerente:

Afirma o Estado:
- que a AGERGS "**tem função planejadora e está inscrita no âmbito do Executivo devendo obediência ao Chefe do Poder Executivo.** Sendo parte integrante da administração pública do Estado do Rio Grande do Sul, os cargos da instituição só podem ser providos por concurso público ou nomeação para cargo em comissão";
- que ao condicionar a exoneração dos Conselheiros da AGERGS, no curso dos respectivos mandatos, à decisão da Assembléia Legislativa, em realidade, torna sem efeito a livre exonerabilidade dos ocupantes de cargo de provimento em comissão pelo Chefe do Poder Executivo, prevista no artigo 37,II, da Constituição Federal;
- que os Conselheiros da AGERGS, cuja tarefa é eminentemente a de ser um longo braço na materialização da política econômica estadual, são equiparados a ocupantes de cargos *de provimento em comissão*, precários por sua própria natureza, da confiança do governante.
- que, sendo órgão técnico, auxiliar na formulação e execução da política econômica de governo, **não pode ser dirigida por quem não se identifique com o governo legitimamente eleito.**

Da visão do Ente Regulador:
- as atribuições e competências da AGERGS estão claramente tipificadas na sua Lei de criação. A Agência **não tem função planejadora**, não é da sua essência imiscuir-se na política de ação

governamental, tarefa exclusiva do Chefe do Poder Executivo; sua essência é a **autonomia, a eqüidistância dos Usuários, do Poder Concedente (Governo) e das Empresas;**
- logo, o Chefe do Poder Executivo, que criou a Agência, tinha clara a idéia de **que o Executivo, na qualidade de Poder Concedente de serviços públicos delegados, não deveria envolver-se, como parte, nos eventuais conflitos de interesses** entre ele e os concessionários ou entre estes e os usuários ou mesmo entre os usuários e o Poder Concedente e concessionárias. Tais conflitos, para serem soberanamente dirimidos, deveriam ser submetidos à apreciação de um **órgão autônomo** em relação ao próprio Executivo, **de forma diversa dos departamentos abundantes na administração e subordinados ao interese do governante de dia** ou mesmo capturados pelos interesses permanentes dos prestadores privados de serviços públicos;
- não teve o Governo, então, a visão de perpetrar-se, mesmo que adverso fosse o resultado eleitoral, como o foi, mas sim, **de auto limitar de forma perene, com vistas ao futuro, os poderes do próprio Executivo,** fazendo com que as nomeações fossem submetidas ao crivo do Poder Legislativo e conferindo aos indicados mandatos com duração não coincidente com os mandatos do Executivo e do Legislativo. Auto limitou-se na escolha plural de seus integrantes, recrutando-os através de listas tríplices oferecidas por entidades representativas dos consumidores e dos concessionários. Os Conselheiros de escolha exclusiva do Executivo foram recrutados entre figuras representativas do Executivo, da Administração Superior do Tribunal de Contas e do Ministério Público;
- a AGERGS, enquanto Autarquia, possui autonomia administrativa, financeira e decisória, enquadrando-se nos postulados das Constituições Federal e Estadual. A figura do mandato do Conselheiro tem previsão no disposto no **artigo 52,III,f, da Constituição Federal** que admite a escolha, pelo Senado "**de titulares de outros cargos que a lei determinar**";
- a previsão correspondente na Carta Estadual está contida no artigo 53, XXVIII, c, que expressa ser de "**atribuição exclusiva da Assembléia Legislativa aprovar a escolha de titulares de outros cargos que a lei determinar**";

- mais do que o respaldo legal, **o legislador foi intencional** ao pensar na figura dos Conselheiros da AGERGS – Como assegurar aos usuários, concessionários e ao próprio governo uma decisão isenta para o equilíbrio das relações, se persistirem deveres de lealdade e obediência ao Chefe do Poder Executivo? Como assegurar a confiabilidade dessa decisão?

Verificado que os Conselheiros **não** detêm cargo em comissão, cabe conceituá-lo:

- O mandato é resultante de **Ato Complexo** envolvendo:

a) através de ato próprio, edição da Lei (Lei 10.931/97), de forma irrepreensivelmente constitucional, foram estabelecidos critérios e requisitos para o preenchimento dos cargos diretivos da Agência Reguladora (artigos 6º 7º e 8º);

b) a indicação de seus nomes, como já referido, que não foi escolha pessoal do governante, mas através do encaminhamento de listas tríplices, **de cidadãos de reconhecida representatividade de segmentos da sociedade** que preencheram requisitos legais e foram submetidos à argüição e aprovação do Poder Legislativo Estadual;

c) os currículos anexos demonstram a respeitabilidade dos nomes escolhidos pela sociedade para representá-la;

d) os Decretos Legislativos nºs 8.449/97, 8.438/97, 8.887/97, 8.886/97, 8.888/97, 8.885/97 aprovaram a indicação, respectivamente, dos nomes dos Conselheiros Guilherme Socias Villela, Romildo Bolzan, Dagoberto Lima Godoy, Maria de Lourdes Reyna Coelho, Gilberto José Capeletto e Odilon Rebés Abreu;

e) publicados os **Decretos**, foram expedidos **Atos de Nomeação** pelo Governador do Estado. Caracterizando, assim, a **participação de dois Poderes e da sociedade** no processo de indicação e escolha dos Conselheiros da Agência;

f) se a constituição do Conselho Superior da Agência decorreu da prática de um **Ato Jurídico Complexo**, como já reconhecido na parte inicial da decisão em curso **dessa Egrégia Suprema Corte**, por decorrência necessária, **sua eventual desconstituição deveria seguir o mesmo caminho sob pena de ingerência indevida, aí, então, do Poder Executivo, para desfazer atos que contaram com a participação do Poder Legislativo.**

Ora, para os efeitos da Lei, **a figura do Conselheiro está dissociada do cargo em comissão** e de indicação político-partidária. É ele,

antes de mais nada, figura representativa da sociedade, **detentor de função honorífica.**
Essa situação citada por Ruy Cirne Lima, em "Princípios de Direito Administrativo" (Livraria Sulina, 1º edição, página 161):
"(...) contam-se dentre as funções honorárias a dos membros do Conselho Federal de Educação, que deverão ser escolhidos entre pessoas de notável saber e experiência em matéria de educação. É função pública de execução continuada e permanente, da tarefa incumbida, pela natureza dos próprios fins, ao Estado e incompatível, entretanto, com outro meio qualquer de execução que não o trabalho público (...)".
Hely Lopes Meirelles, em Direito Administrativo Brasileiro, página 53, assim se expressa:
"Agentes honoríficos são cidadãos convocados, designados ou nomeados para prestarem, transitoriamente, determinados serviços ao Estado, em razão de sua condição cívica, de sua honorabilidade, ou de sua notória capacidade profissional (...) os agentes honoríficos não são funcionários públicos, mas momentaneamente exercem uma função pública e enquanto a desempenham sujeitam-se à hierarquia e disciplina do órgão que estão servindo podendo perceber um pro labore (...) sua vinculação com o Estado é sempre transitória e a título de colaboração cívica (...) somente para fins penais (responsabilidade civil e penal – ver conceito de Agente Público- Improbidade Administrativa) é que esses Agentes são equiparados a funcionários públicos quanto aos crimes relacionados ao exercício da função".
O conselheiro não recebe salário nem remuneração, mas sim honorários pela função pública que exerce, não criando vínculo com o Estado a não ser o decorrente do Ato Complexo praticado pelos Poderes Executivo e Legislativo que lhe dá autonomia de ação no campo da atividade para a qual foi designado, sem, contudo, jamais invadir as competências dos governantes.
Ao ressaltar a figura dos Conselheiros como agentes honoríficos, não há como dissociá-los das **agências reguladoras independentes,** cuja importância está sublinhada no livro "Reforma do Estado e Administração Pública Gerencial" (Fundação Getúlio Vargas, 1º Edição, 1998),de Luiz Carlos Bresser Pereira e Peter Spink.

Conclusão:
Em sentido amplo e próprio, como bem preleciona José Afonso da Silva, "o governo é, então, o conjunto de órgãos mediante os quais a vontade do Estado é formulada, expressada e realizada, ou o conjunto de órgãos supremos a quem incumbe o exercício das funções do poder político. Este se manifesta mediante suas funções que são exercidas e cumpridas pelos órgãos de governo" (Curso de Direito Constitucional Positivo, 15ª Edição, Malheiros Editores, 1998, pág. 112).

Nesse contexto, em face das atribuições e dos objetivos da **AGERGS,** fixados na sua lei de criação, cabe ressaltar que o Poder Político do Estado, através de suas **funções Executiva e Legislativa**, expressou a sua vontade governamental de criar um **órgão com atividade de interesse público relevante cujas atribuições se dessem em nome do Estado e em favor da sociedade.**

A essência consubstanciadora da autonomia de uma agência reguladora reside justamente na outorga de mandato, ou de investidura por tempo determinado, dos "reguladores", no caso denominados Conselheiros, o que confere à Agência a necessária independência, sem qualquer subordinação ao titular do Poder Concedente e garante a possibilidade de deslinde administrativo dos conflitos a ela submetidos, com eqüidistância, na qualidade de **"quase juiz",** para utilizar a expressão consagrada em jurisprudência da Suprema Corte Americana – País no qual a tradição regulatória é centenária. É de se ressaltar que a **Agência não está acima do Estado, mas inserida no seu ordenamento jurídico, com funções específicas que exigem a plena autonomia de ação.**

GUILHERME SOCIAS VILLELA
Conselheiro-Presidente.
(AGERGS, 1999).

Excelentíssimo Senhor
DOUTOR CARLOS MÁRIO DA SILVA VELLOSO
Ministro Presidente do Supremo Tribunal Federal

AÇÃO DIRETA DE INCONSTITUCIONALIDADE N.º 2095-1/RS:[5]

Requerente: Governador do Estado do Rio Grande do Sul

O CONSELHO SUPERIOR DA AGÊNCIA ESTADUAL DE REGULAÇÃO DOS SERVIÇOS PÚBLICOS DELEGADOS DO RIO GRANDE DO SUL vem ante Vossa Excelência, respeitosamente, no uso do direito constitucional de petição, para apresentar este memorial objetivando o esclarecimento sobre questões que envolvem a questionada constitucionalidade da letra "a" do parágrafo único do artigo 3º e dos incisos II, IV, V e VI do artigo 4º da Lei Estadual 10.931, de 9 de janeiro de 1997, com a redação que lhe deu o artigo 1º da Lei 11.292, de 28 de dezembro de 1998, que criou a AGERGS, tendo em vista a especial relevância do tema "sub judice" que transcende os interesses da Agência Reguladora Gaúcha e envolve todo o moderno processo regulatório que se está a construir no País.

Preliminarmente:

A Agência Estadual de Regulação dos Serviços Públicos Delegados do Rio Grande do Sul (AGERGS) foi criada sob a forma de Autarquia Especial, fundamentada na necessidade e no entendimento do Estado de possuir um ente regulatório com autonomia administrativa, financeira e decisória no seu campo específico de atuação – **órgão regulador dos serviços públicos quando delegados ao setor privado,** que eficazmente regule, controle e fiscalize, sob a óptica macroestrutural, em especial nas áreas de saneamento, energia elétrica, rodovias, telecomunicações, portos e hidrovias, irrigação, transporte intermunicipal de passageiros, aeroportos, distribuição de gás canalizado e inspeção de segurança veicular.

Entende-se por regulação os atos de controle, fiscalização, normatização e padronização dos serviços públicos delegados, bem como os de fixação, reajustamento e revisão ou homologação de tarifas.

---

[5] Memorial elaborado por Eduardo Battaglia Krause e Fernanda Knijnik Milman, no Departamento Jurídico da AGERGS.

Na atividade de regulação, a AGERGS realiza análises do desempenho econômico dos serviços delegados e da eficiência dos mesmos, bem como pesquisas junto aos usuários para assegurar que estão pagando preços justos e recebendo serviços de qualidade. Conseqüentemente, não examina nem questiona as políticas relativas aos serviços públicos, **ação exclusiva de governo**, mas apenas exerce as funções de regulação, competindo-lhe moderar, dirimir ou arbitrar conflitos de interesses, no âmbito administrativo, dentro do limite de suas atribuições, previstas em Lei, relativas aos serviços sob sua regulação.

Dos Fatos:
Embora a clareza do texto legal que criou a AGERGS, o Estado do Rio Grande do Sul interpôs Ação Direta de Inconstitucionalidade – ADIN 2095-1 – contestando a redação da letra "a" do parágrafo único do artigo 3º e dos incisos II, IV, V e VI do artigo 4º da lei de criação da AGERGS, solicitando, ainda, a supressão dos termos **em negrito** dos referidos dispositivos:

Art. 3º – Compete à AGERGS, a regulação dos serviços públicos delegados prestados no Estado do Rio Grande do Sul e de sua competência ou a ele delegados por outros entes federados, em decorrência de norma legal ou regulamentar, disposição convenial ou contratual.

Parágrafo único – A atividade reguladora da AGERGS será exercida, em especial, nas seguintes áreas:
a) saneamento;
(...)

Art. 4º – Compete ainda à AGERGS:
II – buscar a modicidade das tarifas e o justo retorno dos investimentos;
IV – homologar os contratos e demais instrumentos celebrados, assim como seus aditamentos ou extinções, nas área sob sua regulação, zelando pelo seu fiel cumprimento, bem como revisar, no âmbito de suas competências, todos os instrumentos já celebrados antes da vigência da presente Lei;
V – fixar, reajustar, revisar, homologar ou encaminhar, ao ente delegante, tarifas, seus valores e estruturas;

VI – orientar a confecção dos editais de licitação e homologá-los, objetivando à delegação de serviços públicos no Estado do Rio Grande do Sul.

Das alegações do Requerente:
Afirma o Estado:
- Que, de plano, surge a inconstitucionalidade do artigo 3º, parágrafo único, letra "a", da Lei nº 10.931/97, tendo em vista que confere à AGERGS poderes para exercer a função "regulatória" sobre serviços públicos afetos ao município e não ao Estado-membro.

Pensa a AGERGS diferentemente:
Inexiste a inconstitucionalidade alegada, de vez que os dispositivos referidos contemplam a ação do agente regulador tão-somente nas hipóteses decorrentes de norma legal ou regulamentar, disposição convenial ou contratual.
- Que o inciso II do artigo 4º da Lei nº 10.931/97, ao empregar o verbo "buscar", tem sido interpretado como apto a fundamentar uma relação de subordinação do Poder Concedente à AGERGS.
Inexiste a inconstitucionalidade. A autarquia está inserida no ordenamento do Estado, e não fora dele. Nesse sentido, as atribuições recebidas não estão dissonantes da direção superior da Chefia do Poder Executivo. Buscar a modicidade tarifária é obrigação legal de qualquer ente da Administração, independentemente da esfera.

- Que o inciso IV do artigo 4º da Lei nº 10.931/97 adentra a esfera da União Federal, ao atribuir à AGERGS competência para revisar todos os instrumentos de concessão e permissão antes da vigência da aludida lei.
Inexiste a inconstitucionalidade. Não é de se admitir que o legislador reservaria claramente competências ao Agente Regulador desagalhadas da mais absoluta legalidade. A revisão dos instrumentos, conferida à AGERGS na sua lei de criação só se realiza com o absoluto amparo legal, sem nenhuma possibilidade de derrogar a norma geral concernente aos contratos administrativos, inexistindo, portanto, qualquer agressão à Constituição Federal.

- Que o artigo 4º, inciso V, da Lei nº 10.931/97 confere à AGERGS poderes para fixar e alterar, real e nominalmente, ou, ainda, homologar tarifas de contratos relacionados a serviços que não é ela que concede.

Inexiste a inconstitucionalidade. Está na natureza da autarquia o exercício de tal atividade, tanto quanto ao agente de saúde a vacinação, ao engenheiro rodoviário a construção de estradas, ao fiscal fazendário a fiscalização e autuação. Em sendo autarquia, inserida no ordenamento jurídico estadual, tão-somente cumpre a função que a lei lhe delegou. Não há conflito com o pensamento da Chefia do Poder Executivo Estadual, de vez que o sistema tarifário deve ser a busca de todos os entes da Administração, tendo como fim maior a modicidade tarifária. Ademais, o exercício da atividade regulatória sem a definição tarifária tira totalmente o sentido da existência de uma agência de regulação.

- Que o artigo 4º, inciso VI, da Lei nº 10.931/97 confere à AGERGS poderes para homologar os editais de licitação, o que significa subordinar inclusive as licitações realizadas pelas Secretarias de Estado, inviabilizando, muitas vezes, a realização dos certames.

Inexiste a inconstitucionalidade. No âmbito do Estado do Rio Grande do Sul, as licitações não são realizadas pelas Secretarias de Estado, mas pela Central de Licitações – CELIC, instituída pelo Decreto nº 37.287, de 10 de março de 1997. A ação do Agente Regulador não foge às disposições legais atinentes à Lei de Concessões, mas agrega, de uma forma muito especial, à qualidade dos serviços públicos.

Afirma, ainda, o Estado, para dar sustentação à sua tese de inconstitucionalidade, que as ações da AGERGS podem dar causa a ingovernabilidade.

Embora o assunto não seja objeto de exame em sede de Ação Direta de Inconstitucionalidade, cabe apenas afirmar a absoluta impossibilidade de tal fato ocorrer, de vez que as atividades atribuídas à AGERGS têm como fim maior a qualidade dos serviços públicos e o perfeito equilíbrio da relação contratual, logo em perfeita consonância com o espírito que deve nortear

as ações da Administração Pública de qualquer esfera da federação.
Por fim, cabe ressaltar que a **Agência não está acima do Estado, mas inserida no seu ordenamento jurídico, com funções específicas que exigem a plena autonomia de ação, esvaziadas, portanto, as inconstitucionalidades suscitadas e em perfeita consonância com a decisão emanada por esta Suprema Corte no que se refere à ADIn nº 1949-0/RS.**

ROMILDO BOLZAN
Conselheiro-Presidente.
(AGERGS, 1999)

O assunto tornou-se objeto de consulta de inúmeros estudiosos e das áreas jurídicas das entidades regulatórias do País, conforme o artigo abaixo:

1. **ADIN 1949-0/RS** – Nomeação e exoneração dos Conselheiros da AGERGS

A Agência Estadual de Regulação dos Serviços Públicos Delegados do rio grande do Sul (AGERGS) foi criada sob a forma de Autarquia Especial, fundamentada na necessidade e no entendimento do estado de possuir um ente regulatório com autonomia administrativa, financeira e decisória no seu campo específico de atuação – órgão regulador dos serviços públicos delegados, para eficazmente regular, controlar e fiscalizar, sob a ótica macroestrutural, em especial nas áreas de saneamento, energia elétrica, rodovias, telecomunicações, portos e hidrovias, irrigação, transporte intermunicipal de passageiros, aeroportos, distribuição de gás canalizado e inspeção de segurança veicular.

Entendem-se por regulação atos de controle, fiscalização, normatização e padronização dos serviços públicos delegados, bem como os de fixação, reajustamento e revisão ou homologação de tarifas. Na

atividade de regulação, a AGERGS realiza análises do desempenho econômico dos serviços delegados e da eficiência dos mesmos, bem como pesquisas junto aos usuários para assegurar que estão pagando preços justos e recebendo serviços de qualidade. Conseqüentemente, não examina nem questiona as políticas relativas aos serviços públicos, ação exclusiva de governo, mas apenas exerce as funções de regulação, competindo-lhe moderar, dirimir ou arbitrar conflitos de interesses, no âmbito administrativo, dentro do limite de suas atribuições, previstas em Lei, relativas aos serviços sob sua regulação.
Embora a clareza do texto legal que criou a AGERGS, o Estado do Rio Grande do Sul interpôs Ação Direta de Inconstitucionalidade – ADIN 1949-0 – contestando a relação dos artigos 7º e 8º da referida lei, solicitando, ainda, a supressão das expressões somente após a aprovação do seu nome na Assembléia Legislativa, devendo satisfazer, simultaneamente, as seguintes condições (...)
Afirmou o Estado:
- que a AGERGS "tinha função planejadora e está escrita no âmbito do Executivo devendo obediência ao Chefe do Poder Executivo. Sendo parte integrante da administração pública do estado do Rio Grande do Sul, os cargos da Instituição só podem ser providos por concurso público ou nomeação para cargos em comissão";
- que, ao condicionar a exoneração dos Conselheiros da AGERGS, no curso dos respectivos mandatos, à decisão da Assembléia Legislativa, em realidade, tornava sem efeito a livre exonerabilidade dos ocupantes de cargo de provimento em comissão pelo Chefe do Poder Executivo, prevista no artigo 37, II, da Constituição Federal;
- que os Conselheiros da AGERGS, cuja tarefa é eminentemente a de ser um longo braço da materia-

lização da política econômica estadual, são equiparados a ocupantes de cargos de provimento em comissão, precários por sua própria natureza, da confiança do governante;
- que, sendo órgão técnico, auxiliar na formulação e execução da política econômica de governo, não poderia ser dirigida por quem não se identificasse com o governo legitimamente eleito.

Tinha outra visão o Agente Regulador:
- as atribuições e competências da AGERGS estão claramente tipificadas na Lei de criação. A Agência não tem função planejadora, não e da sua essência imiscuir-se na política de ação governamental, tarefa exclusiva do Chefe do Poder Executivo; sua essência é a autonomia, a eqüidistância dos Usuários, do Poder Concedente (Governo) e das Empresas;
- logo, o Chefe do Poder Executivo, que criou a Agência, tinha clara a idéia de que o Executivo, na qualidade de Poder Concedente de serviços públicos delegados, não deveria envolver-se, como parte, nos eventuais conflitos de interesses entre ele e os concessionários ou entre estes e os Usuários, ou mesmo entre os Usuários e o Poder Concedente e concessionárias. Tais conflitos, para serem soberanamente dirimidos, deveriam ser submetidos a apreciação de um órgão autônomo em relação ao próprio executivo, de forma diversa dos departamentos abundantes na administração e subordinados ao interesse do governante de dias ou mesmo capturados pelos interesses permanentes dos prestadores de serviços públicos;
- não teve o Governo, então, a visão de perpetrar-se, mesmo que adverso fosse o resultado eleitoral, como o foi, mas sim, de autolimitar de forma perene, com vistas ao futuro, os poderes do próprio Executivo, fazendo com que as nomeações fossem

submetidas ao crivo do Poder Legislativo e conferindo os indicados mandatos do Executivo e Legislativo. Autolimitou-se na escolha plural de seus integrantes, recrutando-os através de listas tríplices oferecidas por entidades representativas dos consumidores e dos concessionários, os Conselheiros de escolha exclusiva do Executivo foram recrutados entre figuras representativas do executivo, da Administração Superior do Tribunal de Contas e do Ministério Público;

- a AGERGS, enquanto Autarquia, possui autonomia administrativa, financeira e decisória, enquadrando-se nos postulados das Constituições Federal e Estadual. A figura do mandato do Conselheiro tem previsão no disposto do artigo 52, III, f, da Constituição Federal que admite a escolha pelo Senado, "de titulares de outros cargos que a lei determinar";

- a previsão correspondente na Carta Estadual esta contida no artigo 53, XXVIII, c, que expressa ser de "atribuição exclusiva da Assembléia legislativa aprovar a escolha de titulares de outros cargos que a lei determinar";

- mais do que o respaldo legal, o legislador foi intencional ao pensar na figura dos Conselhos da AGERGS. Como assegurar aos usuários, concessionários e ao próprio governo uma decisão isenta para o equilíbrio das relações, se persistirem deveres de lealdade e obediência ao Chefe do Poder Executivo? Como assegurar a confiabilidade dessa decisão?

O Conselheiro não recebe salário nem remuneração, mas sim honorários pela função pública que exerce, não criando vínculo com o Estado a não ser o decorrente do Ato Complexo praticado pelos Poderes Executivos e Legislativo que lhe dá autonomia de ação no campo da atividade para a qual foi designado, sem, contudo, jamais invadir as competências dos governantes.

Em sentido amplo e próprio, como bem preleciona José Afonso da Silva, "o governo é, então, o conjunto de órgãos supremos a quem incumbe exercício das funções do poder político, Este se manifesta mediante suas funções que são exercidas e cumpridas pelos órgãos de governo".

Nesse contexto, em face das atribuições e objetivos da AGERGS, fixados na sua lei de criação, cabe ressaltar que o Poder Político do estado, através de suas funções Executiva e legislativa, expressou a sua vontade governamental de criar um órgão com atividade de interesse público relevante cujas atribuições se dessem em nome do estado e em favor da sociedade.

A essência consubstanciadora da autonomia de uma agência reguladora reside justamente na outorga do mandato, ou de investidura por tempo determinado, dos "reguladores" no caso denominados Conselheiros, o que confere à Agência a necessária independência, sem qualquer subordinação ao titular do Poder Concedente e garante a possibilidade de deslinde administrativo dos conflitos a ela submetidos, com eqüidistância, na qualidade de "quase juiz", para utilizar a expressão consagrada em jurisprudência da Suprema Corte Americana – País no qual a tradição regulatória é centenária. É de se ressaltar que a Agência não está acima do estado, mas inserida no seu ordenamento jurídico, com funções específicas que exigem plena autonomia de ação.

Decisão do STF:

Julgamento em 11/11/99:

O Tribunal, por unanimidade, indeferiu o pedido de medida liminar, no que toca a expressão "após terem nomes aprovados pela Assembléia Legislativa do estado", contida no art. 7°, da lei n° 10.931, de 09;01/1997, do Estado do Ri Grande do Sul, tanto na redação originária, como na alteração redacional procedida pelo art. 1° da Lei Estadual n°. 11.292, de 23/12/1998.

Julgamento em 18/11/99:

O Tribunal, por maioria, deferiu o pedido de media liminar, para suspender, até a decisão final da ação direta, a eficácia do art. 8° da Lei Estadual n° 10.931, de 09/01/97, na redação que lhe deu o art. 1° da Lei Estadual n° 11.292, de 23/12/98, assim como na sua redação original, sem prejuízo de restrições à demissibilidade, pelo Governador do Estado, sem justo motivo, conseqüentes da investidura a termo dos Conselheiros da Agência Estadual de Regulação de Serviços Públicos Delegados do Rio Grande do Sul – AGERGS, conforme o art. 7° da mesma lei, e também sem prejuízo da superveniência de legislação válida.

A decisão colhida pelo STF teve abrangência nacional. Julgou a Corte, dada a importância da matéria, além do pretendido pelas partes. Assim, o Conselheiro ou dirigente máximo de uma agência de regulação tem preservado o seu mandato até que o fato delituoso claramente tipificado, embaçado em justo motivo, determine a sua exoneração. Estão preservadas a autonomia e a independência, tão necessárias à regulação moderna.

2. **ADIn 2095-1/RS** – Competências em saneamento, fixação de tarifas e homologação de editais de editais de licitação e contratos de concessão.

Após o julgamento da ADIn 1949-0, o Governo do Estado impetrou nova ação Direta de Inconstitucionalidade visando a impugnar algumas das competências da AGERGS prescritas da Lei n° 10.931/97, com as alterações da Lei n° 11.292/98.

Do Saneamento:
O artigo 3º da Lei nº 10.931/97 definiu claramente as competências da AGERGS. O legislador previu a ação do Agente Regulador tanto em relação ao serviços públicos estaduais quanto com os de competência de outros entes da federação (União, Municípios). Nestes casos, necessária e imprescindível a formalização de disposição convenial ou contratual expressa. Logo, há que haver clara manifestação de vontade do ente da União ou do município. Vejamos o que diz o dispositivo:
"Art. 3º – Compete à AGERGS, a regulação dos serviços públicos delegados prestado no Estado do Rio Grande do Sul e de sua competência ou a ele delegados por outros entes federados, em decorrência de norma legal ou regulamentar, disposição convenial ou contratual".
- Assim, a AGERGS atuará na área de saneamento quando o Município (Poder Concedente) formalizar instrumento jurídico específico com a Agência.
- Em recente episódio em que a Companhia de Saneamento estatal (CORSAN) reestruturou as tarifas de saneamento, sem a ouvida do Poder Concedente, o Agente Regulador exerceu a sua competência na defesa dos usuários e dos próprios municípios, remetendo o assunto ao Ministério Público.
- Nessa linha do pensamento, o Egrégio Tribunal de Contas do Estado vem decidindo acerca de processos de Tomada de Contas no sentido de cientificar o Agente Regulador sempre que são objeto de exame contratos de concessão, mantidos entre os municípios e a Companhia Estadual de Saneamento (CORSAN). Assim, o tribunal Pleno daquela Corte editou a Resolução de nº 531/99, de 12 de agosto de 1999, dispondo:

"Art. 1 – Ao Tribunal de Contas do Estado compete fiscalizar os processos de desestatização prescritos no artigo 3º da Lei Estadual nº 10.607, de 28 de dezembro de 1995; bem como as concessões e permissões derivadas da Lei Estadual nº 10.086, de 24 de janeiro de 1994, em conformidade com o estatuído pelo artigo 175 de Constituição Federal, considerando-se a competência concorrente a respeito da matéria."

Art. 13 – Na fase de execução contratual, a fiscalização observará o fiel cumprimento das normas pertinentes e das cláusulas contidas no contrato e nos respectivos termo aditivos firmados com a concessionária ou com permissionária.

Parágrafo Único – A fiscalização prevista neste artigo será realizada quando de Auditoria ou Inspeção, utilizando-se de Relatórios consolidados de Acompanhamento, elaborados pelo Poder Concedente e pelo Órgão criado nos termo da Lei Estadual nº 10.931, de 09 de janeiro de 1997.

Das tarifas, dos contratos e dos editais de licitação:

Quanto às questões suscitadas no artigo 4º, incisos II, IV, V e VI, da Lei nº 10.931/97, que dispõe:

Art. 4º – Compete ainda à AGERGS:

II – buscar a modicidade das tarifas e o justo retorno dos investimentos;

IV – homologar os contratos e demais instrumentos celebrados, assim como seu aditamentos ou extinções, nas áreas sob sua regulação, zelando pelo seu fiel cumprimento, bem como revisar, no âmbito de suas competências, toso os instrumentos já celebrados antes da vigência da presente Lei;

V – fixar, reajustar, revisar, homologar ou encaminhar, ao ente delegante, tarifas, seus valores e estruturas;

VI – orientar a confecção dos editais de licitação e homologá-los, objetivando a delegação de serviços públicos no Estado do Rio Grande do Sul.

Reitere-se que os dispositivos não contém vício de constitucionalidade, senão vejamos:
- são ações de natureza da autarquia;
- o legislador não reservou competência à AGERGS para derrogar norma geral concernente ao contratos administrativos;
- só podem ser efetivadas no limite dos disciplinamentos legais vigentes (Constituição federal, Constituição Estadual, Lei de Licitações e Lei de Concessões).

Por fim, cabe enfatizar que são da essência de uma Agência de regulação as atividades ora objeto de exame da constitucionalidade. É função inata dos órgãos reguladores a prática tarifárias, que deve ser buscada sempre com equilíbrio, de tal forma que se alcance a plena qualidade da prestação dos serviços públicos delegados, satisfazendo as exigências dos usuários.

Assim, sem os pressupostos referidos, não há sentido a existência de uma Agência de Regulação. Se inconstitucionalidade houver, todas as Agências de Regulação, tanto no âmbito federal quanto estadual também serão atingidas.

Decisão do STF
Julgamento em 22/03/2000:
O Tribunal, por maioria, vencido o Senhor Ministro Relator, conheceu da ação, no que tange ao art. 3º, parágrafo único, letra a, da Lei nº 10.931, de 09.01.97, com a redação que lhe deu o art. 1º da Lei nº. 11.292, de 23.12.98, do Estado do Rio Grande do Sul, e, por unanimidade, indeferiu a suspensão cautelar desse mesmo dispositivo. Prosseguindo no regulamento, o tribunal, por maioria, no que toca ao art. 4º, incisos II, IV, V e VI, dessa mesma lei, indeferiu a liminar, vencidos, em parte, o Senhor Ministro Ilmar Galvão, que suspendia os incisos IV

e VI, e, no inciso V, as expressões "fixar, reajustar, revisar, homologar", e os Senhores Ministros Marco Aurélio e Sepúlveda Pertence, que também suspendiam, no inciso V, as mesmas expressões "fixar, reajustar, revisar, homologar", e todo o inciso VI. Votou o Presidente. Falaram, pelo requerente – Governador do Estado do Rio Grande do Sul – o Dr. Paulo Peretti Torelly, procurador-geral do estado, e, pela requerida – Assembléia Legislativa do Estado – o Dr. Fernando Bolzoni.

3. Conclusão

Os dois casos ora referidos revestem-se de fundamental importância para a história da atividade regulatória no país. Mesmo em sede liminar, entendeu o STF, última instância jurídica da Federação, que as ações desempenhadas não só pela AGERGS, mas por todas as Agências de Regulação, necessitam obrigatoriamente de autonomia, única forma de conciliar com lucidez e independência as relações entre as partes que têm como responsabilidade a prestações de serviços públicos.[grifo nosso]. (KRAUSE, 2000, p. 50-57).

5. Cenário 1999 a 2002

Foi este o período mais recente da efetiva participação das agências regulatórias no cenário brasileiro. A tal ponto, que as quatro primeiras agências de regulação a serem instaladas, ANEEL – Agência Nacional de Energia Elétrica, CSPE – Comissão de Serviços Públicos do Estado de São Paulo, ARCON – Agência Estadual de Regulação e Controle de Serviços Públicos de Belém do Pará, e AGERGS – Agência Estadual de Regulação dos Serviços Públicos Delegados do RS, através de suas representações, criaram a ABAR – Associação Brasileira das Agências de Regulação.

Diferentemente de outras entidades de representação voltadas para a expressão política, a ABAR tinha no seu cerne a troca efetiva de experiências, uma vez que, ainda, pouco se conhecia sobre o tema. As decisões de um ente de um determinado Estado certamente gerariam *cases* para outros. Mais ainda, o objetivo da ABAR transcendia a visão setorial. A atividade regulatória deveria ser tema de todas as discussões de aprendizado, de trocas de conhecimento, de construção de caminhos que levassem ao aperfeiçoamento dos dispositivos legais vigentes, ainda não totalmente consolidados.

Talvez um dos erros desta construção apressada foi que algumas decisões foram tomadas sem o necessário debate aprofundado, exercendo em determinadas circunstâncias poderes, às vezes, acima do poder concedente, que não é outro senão o Estado em si mesmo.

Criaram normas, portarias, instruções normativas, homologaram tarifas, revisaram contratos, impuseram condições, avançaram em determinados pontos, a quem diga inclusive, exacerbando competências. Mas ninguém pode dizer que não exerceram o seu papel. De forma genérica, porque a questão presente não se reveste de especificidade, fizeram-se presentes abrigadas na Lei, e se ela, a Lei, em alguma circunstância não foi ou não é boa, nada obsta o seu aperfeiçoamento.

Quer se queira quer não, houve avanços quanto à forma de se visualizar a questão do petróleo e do gás (ANP – Agência Nacional do Petróleo). Não foi diferente na telefonia e energia elétrica (ANATEL e ANEEL). Embora com defeitos, é inegável a universalização. No campo dos transportes e no setor portuário, a ANTT – Agência Nacional dos Transportes Terrestres e a ANTAQ – Agência Nacional dos Transportes Aquaviários, estas já em 2002, também começaram a regrar o sistema que envolve a logística nacional.

Nos Estados, em sua grande maioria, as autarquias estaduais também iniciavam suas atividades. A quase totalidade já com vínculos formais com a ANEEL, através de convênios de delegação.

Todavia, o que para muitos representava um caminho seguro, ainda era e é um passo muito insipiente, tal a grandeza, as responsabilidades e as interfaces das entidades regulatórias em seu vasto mundo.

Neste contexto, delineava-se no país o cenário político que se descortina a cada quatro anos. O ano de 2002 era o ano das eleições nos Estados e o ano da escolha do novo presidente do Brasil.

No campo das idéias que envolviam os segmentos que pensavam o Brasil, as bases dos candidatos começaram também a discutir as agências de regulação.

Não o que elas eram, não o que a Lei disse que elas fariam, não a sua importância no contexto da economia do direito, da administração e dos próprios usuários, fim maior da prestação dos serviços públicos delegados, mas numa visão absolutamente política, como se elas fossem responsáveis pela má ou pela boa privatização. O tempo de vida absolutamente curto destes novos entes regulatórios, mais uma vez, operou contra eles.

Ainda não se sabia quem seria o próximo Presidente da República, mas se sabia da segurança jurídica que envolvia estas autarquias especiais. Sobre isto, vale referir o texto abaixo que foi escrito em um momento de absoluta indefinição política:

"A terceira edição desta revista, que já passa a ser instrumento de manuseio dos reguladores brasileiros, ocorrerá no exato espaço de tempo em que o país escolhe o Chefe da Nação, o Parlamento e os Dirigentes máximos dos Estados da Federação. Não serei ousado se afirmar que o grande teste da existência e da continuidade das ações de que se desincumbem as Agências de Regulação, estas novas entidades autárquicas que nasceram para dar norte á prestação dos Serviços Públicos Delegados, ocorrerá a partir de janeiro de 2003, com a nova visão tios gestores que vierem a comandar o país.

O fato marcante é que as Agências de Regulação têm no seu cerne, forte autonomia, porém, isto ainda está se consolidando, eis que recentes. O tempo determinará a garantia da autonomia administrativa financeira e funcional, preservando suas competências. Todavia o Direito Brasileiro muito pouco reserva nesse sentido. Três situações basilares certamente servirão de justificativa e sustento a estas novas entidades, se, por acaso, os novos governantes questionarem suas existências.

Já testada em três oportunidades difíceis, a Agência Estadual de Regulação dos Serviços Públicos Delegados do Rio Grande do Sul certamente emprestará importante contribuição. de vez que as controvérsias acerca do seu papel foram objeto de exame e entendimento pelo Supremo Tribunal Federal: (1) no início do exercício de 1999, a Confederação Nacional do Transporte questionou a constitucionalidade da lei de taxas, cujo fato gerador oportuniza a necessária autonomia financeira da AGERGS. Julgado o pedido, em 04/09/02, disse o Tribunal, por expressiva maioria, da improcedência (ADIn 1948-1): (2) também no início de 1999, o Governador do RS questionou a constitucionalidade de dois dispositivos da lei de criação da autarquia, envolvendo a nomeação e exoneração dos conselheiros que integram o Colegiado Superior da entidade. No caso, com similitude nas demais agências de regulação do país. Vencidos apenas dois Ministros, decidiu o Tribunal que os conselheiros da AGERGS sé perderiam os seus mandatos se dessem causa motivada (ADIn 1949-0): (3) no final de 1999 novamente o Governador do RS questionou as competências da AGERGS em saneamento, fixação de tarifas, homologação de editais de licitação e exame de contratos. Mais uma vez, o Tribunal referendou a absoluta constitucionalidade daqueles dispositivos.

Enquanto este artigo é escrito, não é possível qualquer previsão envolvendo o quadro sucessório tanto nos Estados como na União, mas é possível dizer que a AGERGS já foi suficientemente testada. Já lhe foram garantidas as autonomias necessárias. Com isso, a entidade gaúcha passa a ser referência nacional. Nada mais nela é dúvida. Todavia o cenário nacional ainda está a sedimentar-se. A posse dos novos governantes, em janeiro de 2003, será o marco definidor da consolidação destes novos entes reguladores". (KRAUSE, 2002, p. 6)

5.1. Novo marco na administração do país

O primeiro trimestre de 2003, fato natural, enseja com a posse do novo Presidente da República as mudanças nos comandos das áreas de governo. Neste período, a frase corriqueira era de que: "As agências reguladoras passam a ser um incômodo na visão do novo governo.". A impressão inicial era que estas novas entidades lá estavam não para cumprirem um papel, mas para abrigarem membros dirigentes do governo anterior, para proteger delegatários e para evitar a ação de exercício de poder do próprio Estado que passou a ser cerceado. Aos poucos, a posição de alguns poucos, em episódios esparsos, vide ANEEL e ANATEL, começaram a mudar e as agências de regulação passam a ser parte de debates pró-ativos. Nestes, próprios da natureza da política estatal, sempre fortes, independentemente da facção, as discussões acabaram, de um lado, por eliminar a hipótese da extinção das agências ou da substituição de seus dirigentes (vide episódio AGERGS-ADIn 1949-0/RS, *supra*) e, de outro, por encaminhar projeto de Lei dispondo sobre a gestão, a organização e o controle social das agências reguladoras que transcrevemos a seguir:

Dispõe sobre a gestão, a organização e o controle social das Agências Reguladoras, acresce e altera dispositivos das Leis nº 9.472, de 16 de julho de 1997, nº 9.478, de 6 de agosto de 1997, nº 9.782, de 26 de janeiro de 1999, nº 9.961, de 28 de janeiro de 2000, nº 9.984, de 17 de julho de 2000, nº 9.986, de 18 de julho de 2000, e nº 10.233, de 5 de junho de 2001, da Medida Provisória nº 2.228-1, de 6 de setembro de 2001, e dá outras providências.

O CONGRESSO NACIONAL decreta:

Art. 1º Esta Lei dispõe sobre as regras aplicáveis às Agências Reguladoras, relativamente à sua gestão, organização e mecanismos de controle social, acresce e altera dispositivos das Leis nº 9.472, de 16 de julho de 1997, nº 9.478, de 6 de agosto de 1997, nº 9.782, de 26 de janeiro de 1999, nº 9.961, de 28 de janeiro de 2000, nº 9.984, de 17 de julho de 2000, nº 9.986, de 18 de julho de 2000, e nº 10.233, de 5 de junho de 2001, e da Medida Provisória no 2.228-1, de 6 de setembro de 2001.

Art. 2º Consideram-se Agências Reguladoras, para os fins desta Lei, bem como para os fins da Lei nº 9.986, de 2000:

I – a Agência Nacional de Energia Elétrica – ANEEL;
II – a Agência Nacional do Petróleo – ANP;
III – a Agência Nacional de Telecomunicações – ANATEL;
IV – a Agência Nacional de Vigilância Sanitária – ANVISA;
V – a Agência Nacional de Saúde Suplementar – ANS;
VI – a Agência Nacional de Águas – ANA;
VII – a Agência Nacional de Transportes Aquaviários – ANTAQ;
VIII – a Agência Nacional de Transportes Terrestres – ANTT; e
IX – a Agência Nacional do Cinema – ANCINE.

CAPÍTULO I
DO PROCESSO DECISÓRIO DAS
AGÊNCIAS REGULADORAS

Art. 3º O processo de decisão das Agências Reguladoras, atinente à regulação setorial, terá caráter colegiado.

§ 1º As Diretorias Colegiadas ou Conselhos Diretores das Agências Reguladoras deliberarão por maioria absoluta dos votos de seus membros, dentre eles o Diretor-Presidente, Diretor-Geral ou Presidente que, na sua ausência, deverá ser representado por seu substituto, definido em regimento próprio.

§ 2º Dos atos praticados no âmbito da Agência Reguladora caberá recurso à Diretoria Colegiada ou Conselho Diretor, desde que interposto por parte interessada ou por, pelo menos, dois membros da Diretoria.

§ 3º É facultado à Agência Reguladora adotar processo de decisão monocrática, em cada uma de suas diretorias, assegurado à Diretoria Colegiada ou Conselho Diretor o direito de reexame das decisões monocráticas, na forma do § 2º.

Art. 4º Serão objeto de consulta pública, previamente à tomada de decisão, as minutas e propostas de alterações de normas legais, atos normativos e decisões da Diretoria Colegiada e Conselhos Diretores de interesse geral dos agentes econômicos, de consumidores ou usuários dos serviços prestados.

§ 1º O período de consulta pública iniciar-se-á sete dias após a publicação de despacho motivado no Diário Oficial da União e terá a duração mínima de trinta dias.

§ 2º As Agências Reguladoras deverão disponibilizar, em local especificado e em seu sítio na Rede Mundial de Computadores – Internet, em até sete dias antes de seu início, os estudos, dados e material técnico que foram utilizados como embasamento para as propostas colocadas em consulta pública.

§ 3º As Agências Reguladoras deverão estabelecer nos regimentos próprios os critérios a serem observados nas consultas públicas.

§ 4º É assegurado às associações constituídas há pelo menos três anos, nos termos da lei civil, e que incluam, entre suas finalidades, a proteção ao consumidor, à ordem econômica ou à livre concorrência, o direito de indicar à Agência Reguladora até três representantes com notória especialização na matéria objeto da consulta pública, para acompanhar o processo e dar assessoramento qualificado às entidades e seus associados, cabendo à Agência Reguladora arcar com as despesas decorrentes, observadas as disponibilidades orçamentárias, os critérios, limites e requisitos fixados em regulamento e o disposto nos arts. 25, inciso II, e 26 da Lei nº 8.666, de 21 de junho de 1993.

§ 5º O acompanhamento previsto no § 4º será proporcionado ao representante nas fases do processo entre a publicação de sua abertura até elaboração de relatório final a ser submetido à decisão da Diretoria Colegiada ou Conselho Diretor, ressalvado o acesso a dados e informações que sejam classificados como sigilosos na forma do art. 23 da Lei nº 8.159, de 8 de janeiro de 1991.

Art. 5º As Agências Reguladoras, por decisão colegiada, poderão realizar audiência pública para formação de juízo e tomada de decisão sobre matéria considerada relevante.

§ 1º A abertura do período de audiências públicas será precedida de despacho motivado publicado no Diário Oficial da União e outros meios de comunicação, até quinze dias antes de sua realização.

§ 2º As Agências Reguladoras deverão disponibilizar, em local especificado e em seu sítio na Internet, em até quinze dias antes de seu início, os estudos, dados e material técnico que foram utilizados como embasamento para as propostas colocadas em audiência pública.

§ 3º As Agências Reguladoras deverão estabelecer nos regimentos próprios os critérios a serem observados nas audiências públicas.

Art. 6º As Agências Reguladoras poderão estabelecer outros meios de participação de interessados em suas decisões, diretamente ou por meio de organizações e associações legalmente reconhecidas.

Art. 7º Os resultados da consulta e audiência pública e de outros meios de participação dos interessados nas decisões a que se referem os arts. 4º e 5º deverão ser disponibilizados em local especificado e no sítio da Agência Reguladora na Internet, com a indicação do procedimento adotado, sendo que a participação na consulta pública confere o direito de obter da Agência Reguladora resposta fundamentada, que poderá ser comum a todas as alegações substancialmente iguais.

CAPÍTULO II
DA PRESTAÇÃO DE CONTAS E DO CONTROLE SOCIAL
Seção I
Da Obrigação de Apresentar Relatório Anual de Atividades

Art. 8º As Agências Reguladoras deverão elaborar relatório anual circunstanciado de suas atividades, nele destacando o cumprimento da política do setor definida pelos Poderes Legislativo e Executivo.

Parágrafo único. O relatório anual de atividades deverá ser encaminhado pela Agência Reguladora, por escrito, no prazo de até noventa dias após o encerramento do exercício, ao titular do Ministério a que estiver vinculada, ao Senado Federal e à Câmara dos Deputados e disponibilizado na sede, suas unidades descentralizadas e em seu sítio na Internet.

Seção II
Do Contrato de Gestão e de Desempenho

Art. 9º A Agência Reguladora deverá firmar contrato de gestão e de desempenho com o Ministério a que estiver vinculada, nos termos do § 8º do art. 37 da Constituição, negociado e celebrado entre a Diretoria Colegiada ou Conselho Diretor e o titular do respectivo Ministério.

§ 1º O contrato de gestão e de desempenho será firmado no prazo máximo de cento e vinte dias após a nomeação do Diretor-Geral, Diretor-Presidente ou Presidente, ouvidos previamente os Ministros de Estado da Fazenda e do Planejamento, Orçamento e Gestão. § 2º O contrato de gestão e de desempenho deverá ser submetido à apreciação, para fins de aprovação, do conselho de política setorial da respectiva área de atuação da Agência Reguladora ou a uma das Câmaras do Conselho de Governo, na forma do regulamento.

§ 3º O contrato de gestão e de desempenho será o instrumento de acompanhamento da atuação administrativa da Agência Reguladora e da avaliação do seu desempenho e deverá ser juntado à prestação de contas da Agência Reguladora e do Ministério a que estiver vinculada, nos termos do art. 9º da Lei nº 8.443, de 16 de julho de 1992, sendo sua inexistência considerada falta de natureza formal.

§ 4º São objetivos do contrato de gestão e de desempenho:

I – aperfeiçoar o acompanhamento da gestão, promovendo maior transparência e controle social;

II – aperfeiçoar as relações de cooperação da Agência Reguladora com o Poder Público, em particular no cumprimento das políticas públicas definidas em lei.

§ 5º O contrato de gestão e de desempenho, bem como seus aditamentos, deverão ser publicados na imprensa oficial, pela Agência Reguladora, no prazo máximo de vinte dias, contados a partir de sua assinatura, condição indispensável para sua eficácia, sem prejuízo de sua ampla e permanente divulgação por meio eletrônico pelas respectivas Agências Reguladoras, devendo uma cópia do instrumento ser encaminhada para registro no Tribunal de Contas da União, onde servirá de peça de referência em auditoria operacional.

Art. 10. O contrato de gestão e de desempenho deve especificar:

I – as metas de desempenho administrativo e de fiscalização a serem atingidas, prazos de consecução e respectivos indicadores e os mecanismos de avaliação que permitam quantificar, de forma objetiva, o seu alcance;

II – a estimativa dos recursos orçamentários e cronograma de desembolso dos recursos financeiros necessários ao alcance das metas pactuadas;

III – as obrigações e responsabilidades das partes em relação às metas definidas;

IV – a sistemática de acompanhamento e avaliação, contendo critérios, parâmetros e prazos;

V – as medidas a serem adotadas em caso de descumprimento injustificado das metas e obrigações pactuadas;

VI – o período de vigência; e

VII – as condições para revisão e renovação.

Art. 11. O contrato de gestão e de desempenho terá duração mínima de um ano, será avaliado periodicamente e, se necessário, revisado por ocasião da renovação parcial da diretoria da Agência, sem prejuízo da solidariedade entre seus membros.

Art. 12. Regulamento disporá sobre os instrumentos de acompanhamento e avaliação do contrato de gestão e de desempenho, bem como sobre os procedimentos a serem observados para a sua assinatura e a emissão periódica de relatórios de acompanhamento e avaliação de desempenho da Agência Reguladora.

Parágrafo único. A Agência Reguladora apresentará, semestralmente, sem prejuízo do relatório anual de atividades de que trata o art. 8o, relatórios de gestão e desempenho, que deverão ser publicados na imprensa oficial, sem prejuízo de sua ampla e permanente divulgação por meio eletrônico pelas respectivas Agências Reguladoras, devendo ser enviados ao órgão supervisor, ao Ministério do Planejamento, Orçamento e Gestão e ao Tribunal de Contas da União.

Seção III
Da Ouvidoria

Art. 13. Haverá, em cada Agência Reguladora, um Ouvidor, que atuará junto à Diretoria Colegiada ou Conselho Diretor sem subordinação hierárquica e exercerá as suas atribuições sem acumulação com outras funções.

Art. 14. O Ouvidor será nomeado pelo Presidente da República para mandato de dois anos, admitida uma recondução.

§ 1º São atribuições do Ouvidor zelar pela qualidade dos serviços prestados pela Agência Reguladora e acompanhar o processo interno de apuração das denúncias e reclamações dos usuários, seja contra a atuação dela ou contra a atuação dos entes regulados.

§ 2º O Ouvidor terá acesso a todos os assuntos e contará com o apoio administrativo de que necessitar, competindo-lhe produzir, semestralmente e quando julgar oportuno, apreciações sobre a atuação da Agência Reguladora, encaminhando-as ao Conselho Diretor, ao Conselho Consultivo, quando houver, ao titular do Ministério a que estiver vinculada, aos Ministros de Estado da Fazenda, do Planejamento, Orçamento e Gestão e Chefe da Casa Civil da Presidência da República, bem assim às Comissões de Fiscalização e Controle da Câmara dos Deputados e do Senado Federal, e fazendo publicá-las para conhecimento geral.

CAPÍTULO III
Da Interação entre as Agências Reguladoras e os Órgãos de Defesa da Concorrência

Art. 15. Com vistas à promoção da concorrência e à eficácia na implementação da legislação de defesa da concorrência nos mercados regulados, os órgãos de defesa da concorrência e as Agências Reguladoras devem atuar em estreita cooperação, privilegiando a troca de experiências.

Art. 16. No exercício de suas atribuições, incumbe às Agências Reguladoras monitorar e acompanhar as práticas de mercado dos agentes dos setores regulados, de forma a auxiliar os órgãos de defesa da concorrência na observância do cumprimento da legislação de defesa da concorrência, nos termos da Lei nº 8.884, de 11 de junho de 1994.

§ 1º Os órgãos de defesa da concorrência são responsáveis pela aplicação da legislação de defesa da concorrência, incumbindo-lhes, conforme o disposto na Lei nº 8.884, de 1994, a análise de atos de concentração e a instauração e instrução de averiguações preliminares e processos administrativos para apuração de infrações contra a ordem econômica, cabendo ao CADE, como órgão judicante, emitir decisão final sobre os atos de concentração e condutas anticoncorrenciais

§ 2º Na análise e instrução de atos de concentração e processos administrativos, os órgãos de defesa da concorrência poderão solicitar às Agências Reguladoras pareceres técnicos relacionados aos seus setores de atuação, os quais serão utilizados como subsídio à instrução e análise dos atos de concentração e processos administrativos.

§ 3º As Agências Reguladoras solicitarão parecer do órgão de defesa da concorrência do Ministério da Fazenda sobre minutas de normas e regulamentos, previamente à sua disponibilização para consulta pública, para que possa se manifestar, no prazo de até trinta dias, sobre os eventuais impactos nas condições de concorrência dos setores regulados.

§ 4º O órgão de defesa da concorrência do Ministério da Fazenda deverá publicar no Diário Oficial da União, em até dez dias úteis após a disponibilização da norma ou regulamento para consulta pública, todos os pareceres emitidos em cumprimento ao § 3º deste artigo.

Art. 17. As Agências Reguladoras, quando, no exercício das suas atribuições, tomarem conhecimento de fato que possa configurar infração à ordem econômica, deverão comunicá-lo aos órgãos de defesa da concorrência para que esses adotem as providências cabíveis.

Parágrafo único. Será instaurado processo administrativo pelo órgão responsável pela instrução no âmbito do Sistema Brasileiro de Defesa da Concorrência se a análise preliminar da Agência Reguladora ou daquela própria Secretaria levantar indícios suficientes de prática anticoncorrencial.

Art. 18. Sem prejuízo das suas demais competências legais, inclusive no que concerne ao cumprimento das suas decisões, o CADE notificará às Agências Reguladoras do teor da decisão sobre condutas cometidas por empresas ou pessoas físicas no exercício das atividades reguladas, bem como das decisões relativas aos atos de concentração por ele julgados, no prazo máximo de quarenta e oito horas após a publicação do respectivo acórdão, para que sejam adotadas as providências legais.

CAPÍTULO IV
Da Interação Operacional entre as Agências Reguladoras e os Órgãos de Regulação Estaduais, do Distrito Federal e Municipais

Art. 19. As Agências Reguladoras de que trata esta Lei promoverão a articulação de suas atividades com as das agências reguladoras ou órgãos de regulação dos Estados, do Distrito Federal e dos Municípios, nas respectivas áreas de competência, promovendo, sempre que possível e a seu critério, a descentralização de suas atividades, mediante convênio de cooperação, exceto quanto a atividades do Sistema Único de Saúde, que observarão o disposto em legislação própria.

§ 1º A cooperação de que trata o caput será instituída desde que as Agências Reguladoras ou órgãos de regulação da unidade federativa interessada possua serviços técnicos e administrativos competentes, devidamente organizados e aparelhados para execução das respectivas atividades, conforme condições estabelecidas em regulamento da Agência Reguladora.

§ 2º A execução pelos Estados, Distrito Federal e Municípios das atividades delegadas será permanentemente acompanhada e avaliada pela Agência Reguladora, nos termos do respectivo convênio.

§ 3º Na execução das atividades de regulação, controle e fiscalização objeto de delegação, o órgão regulador estadual, do Distrito Federal ou municipal que receber a delegação observará as pertinentes normas legais e regulamentares federais.

§ 4º Os atos de caráter normativo editados pelo órgão regulador estadual ou municipal que receber a delegação deverão se harmonizar com as normas expedidas pela Agência Reguladora.

§ 5º É vedado ao órgão regulador estadual, do Distrito Federal ou municipal conveniado exigir de concessionária ou permissionária sob sua ação complementar de regulação, controle e fiscalização obrigação não prevista previamente em contrato.

Art. 20. Em caso de descentralização da execução de atividades sob responsabilidade da Agência Reguladora, parte da taxa de fiscalização correspondente, prevista em lei federal, arrecadada na respectiva unidade federativa, poderá ser a esta transferida para custeio de seus serviços, na forma do respectivo instrumento de cooperação celebrado.

CAPÍTULO V
DAS DISPOSIÇÕES FINAIS E TRANSITÓRIAS

Art. 21. A Lei no 9.472, de 1997, passa a vigorar com as seguintes alterações:

"Art. 7º As normas gerais de proteção à ordem econômica são aplicáveis ao setor de telecomunicações.

...

§ 2º Os atos de que trata o § 1º serão submetidos à aprovação dos órgãos de defesa da concorrência.
..."

"Art. 18...

...

V – expedir normas quanto à outorga dos serviços de telecomunicações no regime público.
..."

"Art. 18-A. Cabe ao Poder Executivo, na condição de Poder Concedente, editar atos de outorga e extinção de direito de exploração do serviço no regime público, e celebrar contratos de concessão para a prestação do serviço no regime público.

§ 1º Os atos previstos nos caput deste artigo:

I – deverão ser precedidos de manifestação formal do Conselho Diretor da Agência Nacional de Telecomunicações – ANATEL;

II – poderão ser delegados à ANATEL, a critério do Ministro de Estado das Comunicações.

§ 2º A edição de ato de extinção de direito de exploração no regime público pelo Poder Concedente dependerá de manifestação favorável do Conselho Diretor da ANATEL."

"Art. 19...

...

IV – expedir normas quanto à prestação e fruição dos serviços de telecomunicações no regime público;

V – editar, mediante delegação do Poder Concedente, atos de outorga e extinção de direito de exploração do serviço no regime público;

VI – celebrar, mediante delegação do Poder Concedente, e gerenciar contratos de concessão e fiscalizar a prestação do serviço no regime público, aplicando sanções e realizando intervenções;

...

XIX – atuar em estreita cooperação com os órgãos de defesa da concorrência, com vistas à promoção da concorrência e à eficácia na implementação da legislação de defesa da concorrência no setor de telecomunicações.

..."

"Art. 22...

...

V – aprovar editais de licitação, homologar adjudicações, bem como decidir pela prorrogação, transferência, intervenção e rescisão, em relação às outorgas para prestação de serviço no regime público, obedecendo ao plano aprovado pelo Poder Executivo, bem assim propor ao Poder Concedente a sua anulação ou decretação de caducidade.

..."

"Art. 24. O mandato dos membros do Conselho Diretor será de quatro anos.

..."

"Art. 83. A exploração do serviço no regime público dependerá de prévia outorga, mediante concessão, implicando esta o direito de uso das radiofrequências necessárias, conforme regulamentação.

..."

"Art. 89. A licitação será disciplinada e seus procedimentos operacionalizados pela Agência, mediante delegação, observados os princípios constitucionais, as disposições desta Lei, as diretrizes estabelecidas pelo Poder Concedente e, especialmente:
..."
"Art. 93...
..."
IX – os direitos, as garantias e as obrigações dos usuários, do Poder Concedente, da Agência e da Concessionária.
..."
"Art. 97...
Parágrafo único. Previamente à aprovação prevista no caput deste artigo, os órgãos de defesa da concorrência deverão se manifestar, sempre que a apreciação de tais atos for cabível nos termos da Lei nº 8.884, de 11 de junho de 1994."
"Art. 98. O contrato de concessão poderá ser transferido após a aprovação do Poder Concedente, ouvida a Agência, desde que, cumulativamente:
..."
"Art. 99...
§ 1º A prorrogação do prazo da concessão implicará pagamento, pela concessionária, pelo direito de exploração do serviço e pelo direito de uso das radiofreqüências associadas, e poderá, a critério do Poder Concedente, mediante proposta da Agência, incluir novos condicionamentos, tendo em vista as condições vigentes à época.
...
§ 3º Em caso de comprovada necessidade de reorganização do objeto ou da área da concessão para ajustamento ao plano geral de outorgas ou à regulamentação vigente, poderá o Poder Concedente, ouvida a Agência, indeferir o pedido de prorrogação."
"Art. 114. A caducidade da concessão será decretada pelo Poder Concedente, por proposta da Agência, nas hipóteses:
..."
"Art. 116. A anulação será decretada pelo Poder Concedente, por proposta da Agência, em caso de irregularidade insanável e grave do contrato de concessão."
"Art. 118. Será outorgada permissão pelo Poder Concedente, mediante proposta da Agência, para prestação de serviço de

telecomunicações em face de situação excepcional comprometedora do funcionamento do serviço que, em virtude de suas peculiaridades, não possa ser atendida, de forma conveniente ou em prazo adequado, mediante intervenção na empresa concessionária ou mediante outorga de nova concessão.
..."

Art. 22. A Lei no 9.478, de 1997, passa a vigorar com as seguintes alterações:

"Art. 2º ...
..."

§ 1º Para o exercício de suas atribuições, o CNPE e o Ministério de Minas e Energia contarão com o apoio técnico dos órgãos reguladores do setor energético.
..."

"Art. 2º-A. Cabe ao Poder Concedente:

I – elaborar, em consonância com a política energética definida pelo CNPE, o plano de outorgas a ser observado nos procedimentos licitatórios para a concessão de exploração, desenvolvimento e produção de petróleo e gás natural;

II – elaborar os editais e promover as licitações para a concessão de exploração, desenvolvimento e produção de petróleo;

III – celebrar os contratos deles decorrentes.

§ 1º Os atos previstos nos incisos II e III poderão ser delegados à Agência, a critério do Ministro de Estado de Minas e Energia.

§ 2º No exercício das competências referidas nos incisos I e II, o Poder Concedente ouvirá previamente a ANP.

§ 3º No exercício da competência referida no inciso I, o Poder Concedente delegará à ANP a operacionalização dos procedimentos licitatórios, nos termos do regulamento."

"Art. 8º A ANP terá como finalidade promover a regulação e a fiscalização das atividades econômicas integrantes da indústria do petróleo, cabendo-lhe:

...

IV – promover os procedimentos licitatórios para a concessão de exploração, desenvolvimento e produção e, mediante delegação do Poder Concedente, celebrar os contratos delas decorrentes, nos termos do regulamento, e fiscalizar a sua execução; ..."

"Art. 10. Com vistas à promoção da concorrência e à eficácia na implementação da legislação de defesa da concorrência no setor de petróleo e gás, a ANP e os órgãos do Sistema Brasileiro de Defesa da Concorrência atuarão em estreita colaboração, nos termos da lei.
Parágrafo único. Sem prejuízo do disposto no *caput*, o Conselho Administrativo de Defesa Econômica – CADE notificará a ANP do teor da decisão que aplicar sanção por infração da ordem econômica cometida por empresas ou pessoas físicas no exercício de atividades relacionadas com o abastecimento nacional de combustíveis, no prazo máximo de vinte e quatro horas após a publicação do respectivo acórdão, para que esta adote as providências legais de sua alçada."
Art. 23. O parágrafo único do art. 10 da Lei nº 9.782, de 1999, passa a vigorar com a seguinte redação:
"Parágrafo único. Os Diretores serão brasileiros, indicados e nomeados pelo Presidente da República, após aprovação prévia pelo Senado Federal, nos termos do art. 52, III, "f", da Constituição, para cumprimento de mandato de quatro anos, admitida uma única recondução."
Art. 24. A Lei no 9.961, de 2000, passa a vigorar com as seguintes alterações:
"Art. 4º ...

§ 4º Com vistas à promoção da concorrência e à eficácia na implementação da legislação de defesa da concorrência no setor de assistência suplementar à saúde, a ANS e os órgãos do Sistema Brasileiro de Defesa da Concorrência devem atuar em estreita cooperação, na forma da lei."
"Art. 6º ...
Parágrafo único. Os Diretores serão brasileiros, indicados e nomeados pelo Presidente da República, após aprovação prévia pelo Senado Federal, nos termos do art. 52, III, "f", da Constituição, para cumprimento de mandato de quatro anos, admitida uma única recondução."
"Art. 7º O Diretor-Presidente da ANS será nomeado pelo Presidente da República e investido na função pelo prazo de quatro anos,

admitida uma única recondução por igual período, observado o disposto no art. 5º da Lei no 9.986, de 18 de julho de 2000."
Art. 25. A Lei no 9.984, de 2000, passa a vigorar com as seguintes alterações:
"Art. 9º ...
Parágrafo único. O Diretor-Presidente da ANA será nomeado pelo Presidente da República e investido na função pelo prazo de quatro anos, admitida uma única recondução por igual período, observado o disposto no art. 5º da Lei nº 9.986, de 18 de julho de 2000."
Art. 26. A Lei nº 9.986, de 2000, passa a vigorar com as seguintes alterações:
"Art. 5º ...
§ 1º O Presidente, o Diretor-Geral ou o Diretor Presidente terá mandato de quatro anos e somente poderá perder o mandato em caso de renúncia, de condenação judicial transitada em julgado ou de processo administrativo disciplinar.
§ 2º O regulamento de cada Agência disciplinará a substituição do Presidente, do Diretor-Geral ou do Diretor Presidente em seus impedimentos ou afastamentos regulamentares ou, ainda, no período de vacância que anteceder a nomeação de novo Presidente, Diretor-Geral ou Diretor Presidente.
§ 3º O mandato do Presidente, do Diretor-Geral ou do Diretor-Presidente encerrar-se-á entre os dias 1o de janeiro e 30 de junho do segundo ano de mandato do Presidente da República."
§ 4º O ex-Presidente, o ex-Diretor-Geral ou o ex-Diretor-Presidente fica impedido para o exercício de atividades ou de prestar qualquer serviço no setor regulado pela respectiva Agência Reguladora por um período de quatro meses, contados da exoneração ou do término de seu mandato.
"Art. 6º O mandato dos Conselheiros e dos Diretores das Agências Reguladoras será de quatro anos, admitida uma única recondução.
... "
"Art. 16. As Agências Reguladoras poderão requisitar servidores e empregados de órgãos e entidades integrantes da administração pública.
...
§ 4º Observar-se-á, relativamente ao ressarcimento ao órgão ou à entidade de origem do servidor ou do empregado requisitado das

despesas com sua remuneração e obrigações patronais, o disposto nos §§ 5º e 6º do art. 93 da Lei no 8.112, de 11 de dezembro de 1990."

"Art. 17...

II – 65% (sessenta e cinco) por cento da remuneração do cargo exercido na Agência Reguladora, para os cargos comissionados de Direção, de Gerência Executiva, de Assessoria e de Assistência."

Art. 27. A Lei nº 10.233, de 2001, passa a vigorar com as seguintes alterações:

"Art. 15-A. O Ministro de Estado dos Transportes orientará o cumprimento das diretrizes de descentralização e deliberará sobre os segmentos da infra-estrutura e das estruturas operacionais do Sistema Federal de Viação, sob a jurisdição do Ministério dos Transportes, a serem administrados:

I – diretamente por entidades públicas federais;

II – por delegação aos Estados, ao Distrito Federal e aos Municípios;

III – mediante outorga de autorização, concessão ou permissão."

"Art. 16-A. O Ministro de Estado dos Transportes estabelecerá diretrizes nos termos e nos limites da legislação vigente, sobre a política tarifária a ser exercida nas outorgas de prestação de serviços e de exploração da infra-estrutura do Sistema Federal de Viação, sob a jurisdição do Ministério dos Transportes.

Parágrafo único. As diretrizes a que se refere o *caput* conterão, necessariamente, definições sobre:

I – critérios uniformes para a cobrança de pedágio ao longo das rodovias federais;

II – critérios para reajustamento e revisão de tarifas de prestação de serviços de transporte."

"Art. 17-A. Cabe ao Poder Concedente:

I – elaborar os planos de outorgas, instruídos por estudos específicos de viabilidade técnica e econômica, para exploração da infra-estrutura e a prestação de serviços de transporte;

II – promover as licitações destinadas à contratação de concessionários ou permissionárias de serviços de transporte rodoviário, ferroviário e aquaviário;

III – editar atos de outorga de concessão e permissão e celebrar os contratos respectivos, bem como tomar as demais medidas administrativas necessárias a tais atos;

IV – promover estudos sobre a logística do transporte intermodal, ao longo de eixos ou fluxos de produção.

§ 1º No exercício das competências referidas nos incisos I, II e III, o Poder Concedente ouvirá previamente a ANTT ou ANTAQ, conforme o caso.

§ 2º No exercício da competência referida no inciso II deste artigo, o Poder Concedente delegará à ANTT ou à ANTAQ, conforme o caso, a operacionalização dos procedimentos licitatórios, nos termos do regulamento.

§ 3º A celebração de contratos e a expedição de permissões de que trata o inciso III deste artigo poderá ser delegada à ANTT ou à ANTAQ, conforme o caso."

"Art. 19-A. Cabe ao Ministério dos Transportes, como atribuição específica pertinente ao transporte aquaviário, indicar o presidente do Conselho de Autoridade Portuária, como referido na alínea "a" do inciso I do art. 31 da Lei no 8.630 de 25 de fevereiro de 1993."

"Art. 22...

§ 1º A ANTT articular-se-á com o Ministério dos Transportes e as demais Agências, para resolução das interfaces do transporte terrestre com os outros meios de transporte, visando à movimentação intermodal mais econômica e segura de pessoas e bens.
..."

"Art. 23...

§ 1º A ANTAQ articular-se-á com o Ministério dos Transportes e as demais Agências, para resolução das interfaces do transporte aquaviário com as outras modalidades de transporte, visando à movimentação intermodal mais econômica e segura de pessoas e bens.
..."

"Art. 24... "

IV – elaborar e editar normas e regulamentos relativos à exploração de vias e terminais, em consonância com as políticas estabelecidas pelo Ministério dos Transportes, garantindo isonomia no seu acesso e uso, bem como à prestação de serviços de transporte, mantendo os itinerários outorgados e fomentando a competição;

V – editar, mediante delegação do Poder Concedente, conforme definido no art. 2o da Lei nº 8.987, de 13 de fevereiro de 1995, atos de extinção de direito de exploração de infra-estrutura e de

prestação de serviços de transporte terrestre e gerir os respectivos contratos e demais instrumentos administrativos;
VII – proceder à revisão e ao reajuste de tarifas dos serviços prestados, segundo as disposições contratuais, após comunicação prévia, com antecedência mínima de quinze dias úteis, aos Ministérios dos Transportes e da Fazenda;
..."
"Art. 25...
I – mediante delegação do Poder Concedente, publicar os editais, julgar as licitações e celebrar os contratos de concessão para prestação de serviços de transporte ferroviário, permitindo-se sua vinculação com contratos de arrendamento de ativos operacionais;
...
III – mediante delegação do Poder Concedente, publicar editais, julgar as licitações e celebrar contratos de concessão para construção e exploração de novas ferrovias, com cláusulas de reversão à União dos ativos operacionais edificados e instalados;
..."
"Art. 26...
I – mediante delegação do Poder Concedente, publicar os editais, julgar as licitações e celebrar os contratos de permissão para prestação de serviços de transporte rodoviário interestadual e internacional de passageiros;
...
VI – mediante delegação do Poder Concedente, publicar os editais, julgar as licitações e celebrar os contratos de concessão de rodovias federais a serem exploradas e administradas por terceiros;
..."
"Art. 27...
IV – elaborar e editar normas e regulamentos relativos à prestação de serviços de transporte e à exploração da infra-estrutura aquaviária e portuária, em consonância com as políticas estabelecidas pelo Ministério dos Transportes, garantindo isonomia no seu acesso e uso, assegurando os direitos dos usuários e fomentando a competição entre os operadores;
V – celebrar, mediante delegação do Poder Concedente, atos de outorga de permissão e autorização de prestação de serviços de transporte pelas empresas de navegação fluvial, lacustre, de tra-

vessia, de apoio marítimo, de apoio portuário, de cabotagem e de longo curso, observado o disposto nos arts. 13 e 14, gerindo os respectivos contratos e demais instrumentos administrativos;

...

VII – aprovar as propostas de revisão e de reajuste de tarifas encaminhadas pelas Administrações Portuárias, após comunicação prévia, com antecedência mínima de quinze dias úteis, aos Ministério dos Transportes e da Fazenda;

...

XV – promover os procedimentos licitatórios, julgar as licitações e, mediante delegação do Poder Concedente, celebrar os contratos de concessão para a exploração dos portos organizados, em obediência ao disposto na Lei nº 8.630, de 25 de fevereiro de 1993;

...

XXV – celebrar, mediante delegação do Poder Concedente, atos de outorga de concessão para a exploração da infra-estrutura aquaviária e portuária, gerindo e fiscalizando os respectivos contratos e demais instrumentos administrativos.
..."

"Art. 28. O Ministério dos Transportes, a ANTT e a ANTAQ, em suas respectivas esferas de atuação, adotarão as normas e os procedimentos estabelecidos nesta Lei para as diferentes formas de outorga previstas nos arts. 13 e 14, visando a que:
..."

"Art. 29. Somente poderão obter autorização, concessão ou permissão para prestação de serviços e para exploração das infra-estruturas de transporte doméstico pelos meios aquaviário e terrestre as empresas ou entidades constituídas sob as leis brasileiras, com sede e administração no País, e que atendam aos requisitos técnicos, econômicos e jurídicos estabelecidos pelo Ministério dos Transportes ou pela respectiva Agência, no estrito âmbito de suas competências."

"Art. 30...

§ 1º A transferência da titularidade da outorga só poderá ocorrer mediante prévia e expressa autorização do Ministério dos Transportes, mediante proposta da respectiva Agência de Regulação, observado o disposto na alínea "b" do inciso II do art. 20.
..."

"Art. 31. Com vistas à promoção da concorrência e à eficácia na implementação da legislação de defesa da concorrência nos setores regulados, a ANTAQ, a ANTT e os órgãos de defesa da concorrência devem atuar em estreita cooperação, na forma da lei."
"Art. 33. Os atos de outorga de autorização, concessão ou permissão a serem editados e celebrados pelo Ministério dos Transportes, pela ANTT ou pela ANTAQ, cada qual no estrito âmbito de sua competência, obedecerão ao disposto na Lei no 8.987, de 13 de fevereiro de 1995, nas subseções II, III, IV e V desta Seção e nas regulamentações complementares."
"Art. 34-A. As concessões a serem outorgadas pelo Ministério dos Transportes, ou, mediante delegação, pela ANTT ou pela ANTAQ para a exploração de infra-estrutura, precedidas ou não de obra pública, ou para prestação de serviços de transporte ferroviário associado à exploração de infra-estrutura, terão caráter de exclusividade quanto a seu objeto e serão precedidas de licitação disciplinada pela legislação vigente."
"Art. 38. As permissões a serem outorgadas pelo Ministério dos Transportes aplicar-se-ão à prestação regular de serviços de transporte de passageiros que independam da exploração da infra-estrutura utilizada e não tenham caráter de exclusividade ao longo das rotas percorridas, devendo também ser precedidas de licitação regida pela legislação vigente."
"Art. 39...
VIII – procedimentos padronizados e demonstrações contábeis específicas, para acompanhamento e fiscalização das atividades permitidas e para auditoria do contrato;
..."
"Art. 41. Em função da evolução da demanda, o Ministério dos Transportes poderá autorizar a utilização de equipamentos de maior capacidade e novas freqüências e horários, nos termos da permissão outorgada, conforme estabelece o inciso III do § 2º do art. 38."
"Art. 53...
§ 2º O Diretor-Geral será nomeado pelo Presidente da República, e investido na função pelo prazo de quatro anos, admitida uma única recondução por igual período, observado o disposto no art. 5º da Lei nº 9.986, de 18 de julho de 2000."

"Art.78-A ...

§ 1º Na aplicação das sanções referidas no caput, a ANTAQ observará o disposto na Lei nº 8.630, de 1993, inclusive no que diz respeito às atribuições da Administração Portuária e do Conselho de Autoridade Portuária.

§ 2º A aplicação das sanção prevista no inciso IV, quando se tratar de concessão, caberá ao Ministério dos Transportes, mediante proposta da ANTT ou da ANTAQ, em cada caso."

Art. 28. O § 2º do art. 8º da Medida Provisória nº 2.228-1, de 2001, passa a vigorar com a seguinte redação:

"§ 2º O Diretor-Presidente da ANCINE será nomeado pelo Presidente da República, e investido na função pelo prazo de quatro anos, admitida uma única recondução por igual período, observado o disposto no art. 5º da Lei nº 9.986, de 18 de julho de 2000."

Art. 29. No prazo de até noventa dias da publicação desta Lei, o Poder Executivo providenciará a republicação atualizada das Leis nº 9.427, de 26 de dezembro de 1996, 9.472, de 1997, nº 9.478, de 1997, nº 9.782, de 1999, nº 9.961, de 2000, nº 9.984, de 2000, nº 9.986, de 2000, e nº 10.233, de 2001, com todas as alterações nelas introduzidas.

Art. 30. Fica criado, na Agência Nacional de Energia Elétrica – ANEEL, na Agência Nacional do Petróleo – ANP, e na Agência Nacional de Águas – ANA, o cargo de Ouvidor.

Parágrafo único. Para o atendimento do disposto no caput, ficam criados, em cada uma das Agências Reguladoras ali referidas, um cargo de Gerência Executiva – CGE II, um Cargo Comissionado de Assistência – CAS-II e um Cargo Comissionado de Técnico – CCT-IV.

Art. 31. A apreciação pelos órgãos de defesa da concorrência dos atos de que trata o § 1º do art. 7º, bem como a manifestação desses órgãos a que se refere o parágrafo único do art. 97 da Lei nº 9.472, de 1997, observará o disposto nos art. 15 a 18 desta Lei.

Art. 32. Aplica-se aos cargos comissionados de Direção, de Gerência Executiva, de Assessoria e de Assistência das Agências Reguladoras o disposto no art. 17 da Lei nº 9.986, de 2000.

Art. 33. Ficam mantidos os prazos de encerramento dos mandatos dos atuais Diretores, dos Conselheiros, do Presidente, do Diretor-Geral ou do Diretor-Presidente de Agências Reguladoras.

Art. 34. Os mandatos de Presidente, Diretor-Geral ou Diretor-Presidente de Agências Reguladoras iniciados após a vigência desta Lei

poderão ser fixados em período inferior a quatro anos, admitida uma única recondução, de modo a propiciar a aplicação do disposto no art. 5º da Lei no 9.986, de 2000, com a redação dada por esta Lei.
Art. 35. Esta Lei entra em vigor na data de sua publicação.
Art. 36. Revogam-se o § 1º do art. 4º da Lei no 9.427, de 26 de dezembro de 1996, o inciso II do art. 19, o art. 24 e o art. 42 da Lei nº 9.472, de 16 de julho de 1997, o parágrafo único do art. 10 da Lei nº 9.782, de 26 de janeiro de 1999, o parágrafo único do art. 6º da Lei nº 9.961, de 28 de janeiro de 2000, e o inciso II do parágrafo único do art. 24, os incisos I e III do art. 25, os incisos I e VI e os §§ 2º, 3º e 4º do art. 26, e o inciso XV e § 3º do art. 27 da Lei nº10.233, de 5 de junho de 2001. (BRASIL, 2004)

Ao final do exercício fluente, já se pode antever que tão diferenciados são os pensamentos sobre o tema, que não foi em 2004[6] que a matéria foi votada. A reprodução do texto vigente se faz necessária como instrumento de um debate ainda a ser aprofundado. Assim podemos vislumbrar algumas questões objetivas, senão vejamos:

I – o projeto de Lei em tramitação trata as diversas agências de regulação como idênticas e não o são;
II – mistura competências;
III. exagera em temas específicos de regulamentação e não propriamente de Lei;
IV – cria uma função de ouvidor que mais parece "um leva e traz de recados" do que uma representação formal de oitiva dos interesses antagônicos;
V – dispõem parágrafos e artigos (vide 19 § 1º a 5º) revestidos de absoluta obviedade;
VI – mistura a figura política do Ministro de Estado com a técnica do dirigente da autarquia;
VII – trata a delegação como um ato político;
VIII – não é clara quanto a questão tarifária;

---
[6] E muito menos, em 2005.

IX – como contribuições positivas as agências ficam mais reguladoras e menos concedentes e, ao fim, um tópico que tem recebido a contrariedade da grande maioria dos reguladores, os contratos de gestão.

Sobre este último tema, entendo ser uma importante contribuição ao aperfeiçoamento da atividade de regulação no Brasil. Cabe ao regulador exercer o seu papel cada vez com mais presteza. Ao exigir um programa de qualidade dos delegatários deve ao mesmo tempo impor a si tal desafio.

O bom desempenho da agência, as suas respostas aos anseios dos que dela dependem, são responsabilidades que, cada vez mais, devem ser ampliadas e aperfeiçoadas, não se esquecendo que as entidades regulatórias nada mais são do que Autarquias inseridas no ordenamento jurídico do Estado, agindo com autonomia e independência, mas dele jamais se desvinculando, razão porque devem subordinar-se às exigências constitucionais e legais próprias da Administração Pública.

6. Conclusão

O que se pode dizer deste pequeno lapso temporal de 10 anos é que elas estão aí. Quando escrevi o livro Agências de Regulação afirmei, no caso da AGERGS, que a Entidade passou por dois governos absolutamente antagônicos no que diz respeito à atividade regulatória, cada um a seu modo, perseguindo o bem comum. O debate, naquela oportunidade, foi silenciado pela histórica decisão do Supremo Tribunal Federal que manteve a AGERGS intacta.

A controvérsia voltou à tona no início de 2003. A questão, todavia, estava no âmbito federal. Fernando Henrique Cardoso deixava o comando da nação após oito anos e assumia em seu lugar Luiz Inácio Lula da Silva. O que aconteceu no Rio Grande do Sul em 1999 retornou a cena em 2003, agora com menor intensidade. A busca do bem comum e a satisfação da cidadania, tenho certeza, não é maior nem menor para as equipes de Fernando Henrique ou de Lula. A meu juízo, ao exaurir-se o ano de 2004, regulação começa a ser pensada de forma menos política o que me leva a pensar que, às vezes, o Congresso Nacional age com sabedoria. Determinados temas carecem de tempo certo, às vezes longo, para atingirem o resultado adequado.

Nos próximos anos e outros tantos, ainda vão ser de muito aperfeiçoamento no cenário das agências reguladoras brasileiras. Aí, inserem-se as parcerias público-privadas tema de convergência na federação e nos Estados Federados.

Quando se fala em tempo e em aperfeiçoamento, torna-se importante referir o caso Humphrey já relatado, certamente o cerne da garantia da autonomia na história do Direito Americano como foi o recente caso brasileiro. A diferença é que na América as agências são centenárias aqui, a mais antiga, ainda está a comemorar os seus primeiros sete anos de vida. Ocorre que neste espaço de tempo, tão fortes e acalorados foram os debates que me sinto autorizado a visualizar o amanhã. As agências de regulação são o ontem de vida curta, são o hoje em ebulição e são o futuro certo, por que a prestação de serviços públicos delegados, independentemente da visão do governo ou do governante é inerente ao direito brasileiro. Assim, ao contrário do que pensava e dizia há dois anos atrás "o processo estava pronto" muito há a fazer. Já há concordância quanto a marcos regulatórios nos diferentes setores da administração, todavia, estamos no esboço. Tais temas devem ser escritos, reescritos, aperfeiçoados e implementados, independentemente da visão política de qualquer governo. Há ainda um descompasso e um desconhecimento, inclusive no próprio meio, quanto a figura da autonomia que nada mais é do que a guardiã da entidade reguladora, a garantia da livre manifestação do regulador, sem com isto, servir de proteção ao cargo de que é investido. Ao fim, resta paciência e maturação, oportunidade que ainda não foi dada a estas novas entidades autárquicas.[7]

---

[7] *Nota do autor*: Estamos em junho de 2005, data em que este trabalho está sendo encaminhado aos meus editores. Tal tema foi enfrentado e defendido em setembro de 2004, em meu MBA na UFRGS. Dado o espaço de tempo, reli o trabalho, no intuito de realizar algumas alterações para a publicação do livro, porém, devido a manutenção do cenário relatado, entendi por deixá-lo intacto. As Agências de Regulação, de que falava em 2004, ainda, são instrumentos inseguros e os marcos regulatórios não resultaram em peças de aplicação formal, transpondo prática em ação. O Projeto de Lei, a que me referi, está perdido silenciosamente no Congresso Nacional, talvez, porque os senhores Parlamentares não encontraram no texto melhoria ou avanço ou, como digo na conclusão, o tempo de maturação ainda não fluiu em sua plenitude. Fico, todavia, com a convicção de que elas, as Agências de

Quando me afastei da AGERGS, em janeiro de 2003, deixando de ser Conselheiro, achava que sabia tudo. Hoje, ao final de 2004,[8] vencido o MBA, descobri que ainda tenho um longo caminho a percorrer. O saber não se esgota, muito há a avançar, no mesmo caminho, no mesmo compasso, na mesma estrada por onde estão indo as agências regulatórias.

Regulação, são fundamentais como instrumentos de busca e manutenção de equilíbrio das necessárias e imprescindíveis relações entre o poder concedente, os delegatários e os usuários dos serviços públicos concedidos.

[8] Não menos diferente em 2005.

Referências bibliográficas

AGERGS. Em exame, pedidos de isenção de pedágio para carros oficiais. *Marco Regulatório*, Porto Alegre, n. 1, p.72-76, 1º sem. 1999a.

—. Marco Regulatório: introdução. *Marco Regulatório*, Porto Alegre, n. 1, p.72-76, 1º sem. 1999b.

BARROSO, Luis Roberto. Natureza jurídica e funções das Agências Reguladoras de Serviços Públicos limites da fiscalização a ser desempenhada pelo Tribunal de Contas do Estado. *Boletim de Direito Administrativo*, jun. 1999.

BOLZAN, Romildo. Autonomia e independência, mas com limites. *Marco Regulatório*, Porto Alegre, n. 4, p.06-09, 1º sem. 2001.

BRASIL. *Plano Diretor da Reforma do Aparelho do Estado*. Presidência da República, Brasília, DF, p.8-26, 1995. Disponível em: http\\:www.presidencia.gov.br

—. *Projeto de Lei nº 3337*. Subchefia Jurídica da Presidência da República, Brasília, DF, 2004. Disponível em: http\\:www.presidencia.gov.br

CUÉLLAR, Leila. As agências reguladoras e seu poder normativo. São Paulo: Dialética, 2001. 159 p.

KRAUSE, Eduardo Battaglia. Aspectos jurídicos de duas ADINs. *Marco Regulatório*, Porto Alegre, n. 3, p.50-57, 2000.

—. *Agências de regulação*: conceito, legislação e prática no Brasil. Porto Alegre: Mercado Aberto, 2001. 407 p.

—. O Futuro das Agências Reguladoras. *Agência Brasil*, Porto Alegre, ano 1, ed. 3, p.6, 2002.

MINISTÉRIO da Administração Federal e Reforma do Estado. Cadernos MARE, Brasília, 1 ed., p. 28, 6 out. 1997. In: VERAS, Luiz Antonio Ramos. *Autonomia e independência das agências reguladoras*. Brasília: ANEEL, out. 2002.

MIRAGEM, Bruno. Defesa administrativa do consumidor no Brasil. Alguns aspectos. *Revista de direito do consumidor*. São Paulo: RT, 2003, p. 65 et seq.

RIO GRANDE DO SUL. *Exposição de Motivos da Lei 10.931*, 9 de janeiro de 1997. Cria a Agência Estadual de Regulação dos Serviços Públicos Delegados do Rio Grande do Sul e dá outras providências.

SCHWARTZ, Bernard. *Direito Constitucional Americano*. Rio de Janeiro: Forense, p.149-158.

WEINBERG, Monica. Para um país enriquecer – entrevista: Douglass North, *Veja*, São Paulo, ed. 1830, ano 36, n.47, p. 11-15, 26 nov. 2003.

Apêndice
Análise comparativa dos órgãos de direção da AGERGS e das Agências Nacionais e Estaduais

De dimensão continental, o País, nos últimos anos, viu-se envolvido com o nascimento das agências reguladoras. Tanto no âmbito da União, como dos Estados Federados e até mesmo dos Municípios, elas começaram a fazerem-se presentes. O quadro anexo resume e compara estas novas entidades autárquicas.

Análise comparativa dos órgãos de direção da AGERGS e das Agências Nacionais

(considerando-se o disposto na Lei Estadual nº 10.931/97 e
Leis Federais nº 9.427/96, nº 9.472/97, nº 9.478/97 e nº 9.782/99)

	AGERGS	ANEEL Energia Elétrica	ANATEL Telecomunicações	ANP Petróleo	ANVS Vigilância Sanitária	ANT Transportes
1. Lei de criação	Lei nº 10.931/97	Lei nº 9.427/96	Lei nº 9.472/97	Lei nº 9.478/97	Lei nº 9.782/99	(em formação)
2. Órgão de Direção	Conselho Superior composto por 7 membros.	Um Diretor-Geral mais quatro Diretores, em regime de colegiado.	Conselho Diretor, composto por cinco membros.	Um Diretor-Geral mais quatro Diretores, em regime de colegiado.	Diretoria Colegiada de até cinco membros.	Conselho Diretor composto por cinco membros.
3. Forma de Nomeação	Pelo Governador do Estado após aprovação da Assembléia Legislativa	Pelo Presidente da República, após aprovação do Senado Federal.	Pelo Presidente da República, após aprovação do Senado Federal.	Pelo Presidente da República, após aprovação do Senado Federal.	Pelo Presidente da República, após aprovação do Senado Federal.	Pelo Presidente da República, após aprovação do Senado Federal.
4. Forma de Exoneração	Somente por decisão da Assembléia Legislativa (ato complexo).	Imotivada nos quatro meses iniciais do mandato. Findo o prazo, somente por condenação penal transitada em julgado, improbidade administrativa ou descumprimento injustificado do contrato de gestão da Agência.	Por renúncia, condenação judicial transitada em julgado ou processo administrativo disciplinar, inobservância dos deveres e proibições inerentes ao cargo, inclusive no que se refere ao cumprimento das políticas estabelecidas pelos poderes Executivo e Legislativo.	Não há previsão legal		
5. Características das Agências	Autarquia especial com autonomia financeira, funcional e administrativa.	Autarquia especial com autonomia financeira, funcional e administrativa.		Autarquia especial com autonomia patrimonial, administrativa e financeira	Autarquia especial com independência administrativa, estabilidade de seus dirigentes e autonomia financeira, vinculada ao Ministério da Saúde.	Autarquia especial com autonomia financeira, funcional e administrativa.

Análise comparativa dos órgãos de direção da AGERGS e das Agências Estaduais

	AGERGS	ARCE	ARCON	ASEP	ARSEMG
1. Estado	Rio Grande do Sul	Ceará	Pará	Rio de Janeiro	Minas Gerais
2. Denominação	Agência Estadual de Regulação dos Serviços Públicos Delegados do RS	Agência de Regulação dos Serviços Públicos Delegados do Ceará	Agência Estadual de Regulação de Controle dos Serviços Públicos	Agência Reguladora de Serviços Públicos Concedidos do Estado do Rio de Janeiro	Agência Estadual de Regulação dos Serviços Públicos de Minas Gerais
3. Lei Estadual de Criação	Lei nº 10.931/97	Lei nº 12.876/97	Lei nº 6.099/97	Lei nº 2.868/97	Lei nº 12.999/98
4. Órgão de Direção	Conselho Superior composto por 7 membros com mandatos de 4 anos	Conselho Diretor composto por 3 membros com mandato de 4 anos. Conselho Consultivo composto por 6 membros com mandatos de 3 anos sem remuneração.	Fórum de deliberação geral: 3 conselheiros indicados pelo Governador, pelos usuários e empresas operadoras. Fórum de deliberação setorial: fórum geral mais 3 representantes do setor. Mandatos de 2 anos, sem remuneração.	Conselho Diretor formado por 5 membros com mandatos de 4 anos.	Conselho Diretor composto por 5 membros com mandatos de 5 anos.
5. Forma de Nomeação	Pelo Governador do Estado após aprovação da Assembléia Legislativa.	Pelo Governador do Estado.	Pelo Governador do Estado.	Pelo Governador do Estado após audiência pública e voto da Assembléia Legislativa.	Pelo Governador do Estado, aprovados pela Assembléia Legislativa.
6. Forma de Exoneração	Somente por decisão da Assembléia Legislativa.	Improbidade administrativa e quando a permanência no cargo comprometa a integridade e independência (processo administrativo).	Não há previsão legal.	Decisão judicial irrecorrível, condenação penal por crime doloso com pena igual ou superior a 2 anos, decisão da Assembléia Legislativa.	Condenação penal por crime doloso, condenação em processo administrativo disciplinar, inobservância dos impedimentos, desídia.
7. Características das Agências	Autarquia especial com autonomia financeira, funcional e administrativa.	Autarquia especial com autonomia orçamentária, financeira, funcional e administrativa.	Autarquia especial com autonomia administrativa e financeira.	Autarquia especial com autonomia administrativa, técnica e financeira.	Autarquia especial com autonomia administrativa e financeira

	AGERGS	AGERBA	ASES	AGER/MT	SC/ARCO
1. Estado	Rio Grande do Sul	Bahia	Sergipe	Mato Grosso	Santa Catarina
2. Denominação	Agência Estadual de Regulação dos Serviços Públicos Delegados do RS	Agência Estadual de Regulação dos Serviços Públicos de Energia, Transporte e Comunicações da Bahia.	Agência Reguladora de Serviços Concedidos do Estado de Sergipe.	Agência de Regulação dos Serviços Públicos Delegados do Estado do Mato Grosso.	Agência Catarinense de Regulação e Controle.
3. Lei Estadual de Criação	Lei nº 10.931/97	Lei nº 7.314/98	Lei nº 3.973/98	Lei nº 7.101/99	Projeto de Lei 5/99
4. Órgão de Direção	Conselho Superior composto por 7 membros com mandatos de 4 anos	Conselho Consultivo formado por 7 membros com mandatos de quatro anos, não remunerados.	Conselho Diretor composto por 5 membros com mandatos de 4 anos.	Conselho Superior formado por 7 membros com mandatos de 4 anos.	Conselho Superior formado por 7 membros com mandatos diferenciados.
5. Forma de Nomeação	Pelo Governador do Estado após aprovação da Assembléia Legislativa.	Pelo Governador do Estado.	Pelo Governador do Estado.	Pelo Governador do Estado após aprovação pela Assembléia Legislativa.	Pelo Governador do Estado após homologação da Assembléia Legislativa.
6. Forma de Exoneração	Somente por decisão da Assembléia Legislativa.	Não há previsão legal.	Constatação de que a permanência possa comprometer a idoneidade, independência e integridade da Agência, não observância dos impedimentos, condenação penal, improbidade administrativa, rejeição das contas pelo TCE, desídia (processo administrativo).	Constatação de que a permanência possa comprometer a independência e integridade da Agência, condenação penal e administrativa, rejeição de contas pelo TCE, desídia, manifestação pública de assuntos submetidos à Agência, exercício de cargo e recebimento de benefícios de entidade regulada (processo adm.).	Através de processo administrativo com manifestação da Assembléia Legislativa.
7. Características das Agências	Autarquia especial com autonomia financeira, funcional e administrativa.	Autarquia especial com autonomia administrativa e financeira.	Autarquia especial com autonomia técnica, administrativa e financeira.	Autarquia especial com autonomia financeira, funcional e administrativa.	Autarquia especial com autonomia orçamentária, financeira, técnica, funcional e adminstrativa.